Michel
Lecomte

AVEC Stéphane Hoebeke

MES ARRÊTS SUR IMAGE

Quarante ans de journalisme sportif

Kennes

Kennes
Éditeur
de coups de cœur

Retrouvez-nous sur www.kenneseditions.com

Rejoignez-nous sur notre page Facebook :
www facebook com/KennesEditions
Suivez-nous sur notre compte Instagram :
kenneseditions

Rue de la Blanche Borne 15
6280 Gerpinnes (Loverval) – Belgique

Photographies (intérieur et couverture) : Patrick Moriamé
ISBN : 978-2-3807-5156-7
NUART : 76-3335-9
Dépôt légal : novembre 2020 – D/2020/13.105/103 – R1/2020

« La vraie générosité
envers l'avenir
consiste à tout donner
au présent »

CAMUS — L'HOMME RÉVOLTÉ

Préface

C'est avec beaucoup d'émotion que j'entreprends d'écrire ces quelques lignes. Dans mon métier, j'ai rencontré un certain nombre de journalistes, notamment des journalistes sportifs. Certains m'ont marquée, évidemment, en commentant mon parcours avec beaucoup de passion et de fidélité tout au long de ces années. Mais rares sont ceux qui sont devenus mes amis, et Michel Lecomte en fait partie.

Je ne pourrais me souvenir du moment où j'ai rencontré Michel pour la première fois. Je devais être très jeune, j'imagine. Je ne pourrais non plus me rappeler chaque interview partagée. Mais je me souviens très bien de la dernière, chez moi à Uccle, quelques jours après avoir décidé d'arrêter ma carrière définitivement suite à une énième blessure. Je souhaitais que ce soit Michel qui réalise cet entretien car, même si je ne le connaissais pas encore aussi bien à l'époque qu'aujourd'hui, je sentais entre nous quelque chose qui m'est indispensable : la confiance. Je savais que cet échange serait profond, authentique, au moment de faire le point sur ma carrière passée et de discuter de mes aspirations futures. Michel a été, comme à son habitude, très humain. Je ne me sentais plus Justine Henin mais juste Justine. Et c'était incroyablement important pour moi, comme ça l'est pour beaucoup d'athlètes.

Michel a cette force, cette humanité qui permet d'aller chercher le meilleur de nous-mêmes au moment de nous confier. Son amour du sport, sa sensibilité, sa générosité, sa bienveillance, même quand il faut critiquer de manière plus sévère, son sens de l'humour aussi, et tant d'autres qualités, ont fait de lui un journaliste non seulement reconnu mais surtout tellement apprécié.

Le sport est un merveilleux vecteur d'émotions. En nous relatant ces émotions avec tant de passion et de respect, Michel a donné énormément au monde du sport.

Il partage avec nous à nouveau beaucoup de choses à travers ce livre. J'espère que vous aurez autant de plaisir que moi à découvrir ses anecdotes savoureuses et ses innombrables souvenirs.

JUSTINE HENIN

Introduction

Après quarante ans de carrière comme journaliste sportif, je tire ma révérence. Quarante années de hauts et de bas, de plantages et d'exploits en tous genres. Ce livre n'est pas un bilan ni une autobiographie, mais plutôt une succession d'arrêts sur image, un retour sur les événements les plus marquants de mon parcours, un certain regard sur des personnalités d'hier et d'aujourd'hui, une réflexion sur des pratiques et des valeurs chaque jour éprouvées. Du drame du Heysel aux coulisses de *Studio 1 La Tribune*, en passant par *Mexigoal*, l'affaire Festina, les Diables Rouges, Michel Preud'homme, Éric Tabarly, Eddy Merckx ou Justine Henin : autant de portraits et d'anecdotes que j'ai choisi de relater dans cet ouvrage.

Ce livre est le résultat de nombreux entretiens avec Stéphane Hoebeke, juriste à la RTBF. Stéphane et moi avons souvent discuté contrats et litiges. Et puis un jour, il m'a proposé d'effectuer ce retour en arrière. L'idée m'a un peu décontenancé. Je ne suis pas ancré dans le souvenir ou la nostalgie. Je regarde devant moi, je me plonge dans l'actualité, dans l'action. Et surtout qui suis-je pour me raconter ainsi ? Puis, j'y ai pris goût. À travers cet exercice, mené de front avec Stéphane, des souvenirs reviennent, ressortent, refleurissent. C'est le printemps de ma mémoire. C'est ma tribune.

LA GAZETTE DE VERLÉE

De naissance, je ne suis pas un rat des villes. Mes attaches profondes sont namuroises, condruziennes plus précisément, enfouies dans le village de Verlée, sur la commune de Havelange, exactement au centre du triangle Ciney-Marche-Huy, paysages de bois et de prairies, la pleine campagne. Les champs y sont vallonnés, les cultures généreuses. C'est donc une terre agricole essentiellement et un petit village où vivait une centaine d'habitants. Inutile de dire qu'on se connaissait tous au gré des mariages, des fêtes et des soirées partagées.

C'était un monde de paysans, avec toute la noblesse qu'il y a derrière ces mots. Mes racines maternelles et paternelles sont ancrées dans cet univers. Mon père, Nestor, était commerçant en machines agricoles. À côté de son commerce, il avait du bétail à la maison et c'était ma mère, Marie, qui en avait la charge, la lourde charge je dirais, dans un monde où l'horizon était d'avance dessiné et donc limité pour les femmes.

Gamin, on m'appelait « La Gazette de Verlée ». J'avais le *don* de recueillir les confidences ou les bons mots, puis de les répéter très rapidement à d'autres. Les gens savaient qu'en me confiant une nouvelle, elle serait colportée par un vent favorable. Déjà, j'étais habité par la curiosité qui allait devenir, au fil des années, mon « art » de la communication.

À Verlée, on parlait encore le patois dans beaucoup de maisons. C'était un patois mixte. Un fond namurois avec quelques sonorités liégeoises. Mes grands-parents passaient du français à ce patois que je maîtrisais aussi. Il me suffisait de lancer quelques réflexions bien wallonnes aux vieux du village pour qu'ils me confient les derniers ragots, trop contents d'avoir un jeune à qui parler. Merci donc à Olga, Alice, Emma, Alphonse,

Marcel et Clothaire, le dernier cantonnier du village, un homme généralement bien informé.

Je me souviens être tombé naïvement dans un piège habilement tendu par une de mes sources de l'époque qui avait vu clair dans mon petit jeu et qui, très sérieusement, un jour, m'avait confié qu'une des familles bien en place dans le village allait *remettre* sa ferme. Dans l'après-midi, tout le village était au courant grâce à La Gazette de Verlée qui avait colporté l'info avec son vélo. Le soir, mon père, qui avait des sources un peu plus fiables, s'était bien moqué de moi. J'avais vécu là ma première leçon de journalisme : toujours recouper ses sources.

« SI TU ES PREMIER, JE T'OFFRE UN CHEVAL »

Mes souvenirs d'enfance sont aussi liés à l'école communale de Havelange où j'ai accompli un parcours sans réelle embûche et sans réel éclat. Cette école, c'était la chanson de Gérard Lenorman, *Les matins d'hiver* : le poêle en fonte qu'on remplissait de charbon, le tablier obligatoire, le préau où on disputait des parties de billes au pot, le foot évidemment dans la cour trop étroite, les carreaux cassés sous les cris des gardiennes qui surveillaient les repas de midi. Des gardiennes, par ailleurs, généralement très bienveillantes. Mon tablier à moi était noir et on m'appelait... « Michel Noir ».

Mes études primaires se sont achevées par une belle anecdote. J'avoue qu'avec le recul, je n'ai pas encore bien compris pourquoi mon père, en évoquant l'examen cantonal qui rassemblait toutes les classes terminales de la région, m'a dit : « Si tu es premier au cantonal, tu auras un cheval.» À bien y réfléchir et connaissant son sens du second degré, il a dû dire cela en boutade mais je l'ai bien mis dans l'embarras parce que j'ai réussi, bien préparé par le maître Léon Gérard, une performance que je n'avais jamais atteinte jusqu'alors et, à vrai dire, jamais osé imaginer : terminer premier !

Mon père a mis un certain temps avant de trouver un bourrin gris immontable, très loin du cheval racé que j'avais pensé monter fièrement dans la verte campagne. Commerçant, il avait un sens de la négociation assez développé et il avait sans doute déniché l'animal chez un de ses débiteurs, à moins qu'il ne l'ait échangé dans un des marchés dont il était coutumier. À la campagne, le troc était fréquent. Un fermier pouvait acquitter sa dette en échange d'une demi-bête que mon père se chargeait de découper lui-même dans la cave de la maison familiale. Une autre époque.

Le cheval a rapidement fait son temps. Comme il fallait s'en occuper quotidiennement et qu'il était du genre récalcitrant, je m'en suis lassé. Il est reparti comme il était venu.

À 12 ans, je suis allé en internat au Petit Séminaire de Floreffe. Pour moi, c'était depuis longtemps une évidence. Mon frère aîné, Freddy, y achevait son parcours et ma sœur, Maggy, avait suivi, en partie, le même chemin dans un internat de filles.

Indépendant, mon père étalait son travail sur de longues amplitudes et les journées de ma mère étaient longues elles aussi. D'une manière générale, à cette époque-là, toutes les familles d'agriculteurs envoyaient leurs enfants au « Collège » : les plus courus étaient alors ceux de Malonne, de Floreffe et de Bellevue à Dinant.

À Floreffe, pour que le collège soit accessible au plus grand nombre, on pouvait bénéficier de conditions spéciales et notamment d'une réduction pour le deuxième enfant. Un peu comme au club de sport.

LA CAISSIÈRE DU GRAND CAFÉ

À 14 ans, j'ai fait partie officiellement de *la jeunesse* du village, comme il en existe encore aujourd'hui : un groupe structuré qui faisait venir sur la place, le dernier week-end du mois d'août, une guinguette et des attractions foraines qui rendaient la fin des vacances inoubliable. Les forains installaient ainsi un tir aux pipes, de grandes balançoires et un carrousel à chaînes avec ces petites nacelles qui font décoller et voler les jupes des filles… « rétines et pupilles, les garçons ont les yeux qui brillent », chante Souchon. C'était le temps béni de la kermesse ; elle durait trois jours. C'était ma Foire du Midi, ma ducasse. Quel bonheur.

La kermesse se terminait par un grand repas le lundi soir. Tout le village était là, un peu à l'image de la dernière planche d'un album d'*Astérix*, à cette différence près qu'on n'y muselait pas les chanteurs, bien au contraire. Mon père en était un et, chaque année, il poussait la chansonnette. Le même répertoire, les mêmes intonations, les mêmes mimiques et toujours le même effet pour Nestor… Ce n'était pas un ténor mais il était drôle et l'enfant que j'étais partageait à distance son plaisir avec ses deux classiques : *Joséphine* et *La caissière du grand café.*

Mon père s'en est allé subitement en novembre 1989, emporté par une crise cardiaque. Mais les refrains sont toujours là, dans un coin de ma tête :

« Elle est belle, elle est mignonne,
C'est un' bien jolie personne,
De dedans la rue on peut la voir
Qu'elle est assise dans son comptoir.
Elle a toujours le sourire,
On dirait un' femme en cire

Avec-que son chignon qu'est toujours bien coiffé,
C'est la caissièr' du Grand Café. »

Dans ma famille, on ne roulait pas sur l'or. La préoccupation première de mon père était d'assurer le salaire des dix familles de ses *hommes à lui*, comme il les appelait, et qui travaillaient dans l'entreprise. Il avait donc dix familles à nourrir, plus la sienne. Je n'ai pas oublié comment on tuait le cochon dans l'arrière-cour et comment le soir même, mon père, rentrant du travail, mettait la cuisine sens dessus dessous, au grand dam de maman, pour préparer les charcuteries. Il allait faire fumer les jambons chez une connaissance avant de les accrocher au milieu de la cuisine. Mon père maîtrisait un autre art : la découpe du jambon. Je suis, moi-même, un obsédé d'une découpe méticuleuse du jambon d'Ardenne. Il faut, quand je suis là, scrupuleusement l'appliquer. Abîmer un jambon en le découpant mal, ça me rend fou. On a les folies qu'on peut.

Papa était un homme éclectique, doté d'une bonne plume et de réels talents de dessinateur. Il s'est aussi beaucoup investi en politique. Il a été le bourgmestre du village de Verlée avant de devenir celui de l'entité de Havelange à la fusion des communes en 1976. Il était membre du parti social-chrétien, le PSC, ancêtre du cdH et, à ce titre, il est resté pendant 38 ans conseiller provincial. J'ai sans doute hérité de mon père, comédien à ses heures jusque dans son commerce, de cette envie de mener plusieurs activités de front et d'en faire parfois un peu trop. Je l'avoue. J'ai quelquefois trop embrassé... et donc mal étreint.

Ma maman, plus discrète, aura caressé nos vies comme une plume en y laissant l'empreinte de sa douceur. Elle était extrêmement croyante, fidèle aux rituels. Mon père, plus distant dans la pratique religieuse, n'arrivait jamais à l'heure à l'office du dimanche où il passait le plus clair de son temps au jubé – sorte de balcon au fond de l'église – à faire le point sur la semaine écoulée avec ses compagnons, rien que des hommes. Pour l'enfant de chœur que j'étais, faire la collecte au jubé était une expédition. On ne savait jamais à quoi s'attendre dans l'antre des mâles. On s'est fait avoir quelquefois quand l'un d'entre eux faisait tinter les pièces qu'il avait en poche avant de sortir son mouchoir, voire de nous donner un bouton. On dira que ça m'a aidé à développer, notamment, un certain sens de l'humour.

Tous les samedis soir, mon père jouait aux cartes avec ses amis et j'allais souvent m'asseoir à côté d'eux pour goûter au plaisir de leurs réflexions savoureuses. Ils jouaient à « la vieille mache » – une sorte de whist – pour très peu d'argent. En 1987, quand démarrait peu avant 23 heures le générique de *Match 1*, la première émission consacrée aux résumés du championnat de foot que j'ai eu l'honneur de présenter, on arrêtait de jouer aux cartes dans la maison familiale pour m'écouter « religieusement », comme me l'ont confié ses amis plus tard. Mon père me suivait avec beaucoup de fierté, même s'il se refusait à l'exprimer. Après l'émission, le jeu reprenait bien entendu jusqu'aux petites heures.

C'était aussi une société sous chape : on laissait deviner les sentiments; on les disait peu. « Seul le silence est grand, tout le reste est faiblesse » : les mots sont d'Alfred de Vigny dans *La Louve* et collent assez bien à la réalité quotidienne de nos aînés qui exprimaient peu leurs émotions. Sans doute, croyaient-ils, pour éviter de se fragiliser.

C'était une belle époque sans beaucoup de tralala. En faisant remonter ces souvenirs, je ravive une certaine nostalgie, moi qui suis plutôt un homme du présent. La télévision, dont je suis devenu un des visages, était en train de révolutionner la vie des gens qui, du coup, passaient moins de temps ensemble comme l'avaient fait leurs parents auparavant. Je n'ose pas imaginer la tête de mes grands-parents et les explications qu'on devrait leur donner aujourd'hui pour leur faire comprendre toutes les fonctions d'un smartphone.

LE TEMPS DES LOISIRS ET DES CERISES

Le week-end, j'avais une multitude d'activités. Le sport, évidemment, avec le foot déjà. Je jouais au Racing Club Havelange dont les couleurs sont toujours le mauve et le blanc. Il y avait là des personnages pittoresques. Je pense à monsieur Demaret, un ancien instituteur. Avec son vélo d'un autre âge, les pinces au bas du pantalon et son béret bien vissé sur le côté de la tête, il avait en charge toute l'intendance des équipes de jeunes. Les crampons, les lacets mais aussi le Vickx ou le camphre pour se protéger du froid : rien ne manquait à sa panoplie.

Le foot avait alors un autre parfum. On pouvait passer toute une saison avec la même paire de chaussures qu'on entretenait nous-mêmes évidemment, on jouait avec des ballons de fortune et, surtout, on jouait au foot partout, en rue, dans les prés – entre les vaches –, sur le sable quand on allait à la mer, dans la boue, sous la pluie. J'ai adoré ces moments-là. Ils me reviennent à l'esprit quand je vois les images du programme *Made in Africa* diffusé sur nos écrans pendant la Coupe du Monde en Afrique du Sud, en 2010, ou quand je parcours le merveilleux livre *Amen*, de la photographe belge Jessica Hilltout. Certes dans un tout autre contexte, moi aussi j'ai joué avec des ballons dégonflés, des ballons crevés...

Je passais une partie de mes vacances à Dinant – extraordinaires vacances dans une ville touristique ! – où mon cousin Yves organisait quotidiennement un match entre quartiers sur la place devant la prison. Notre gardien s'appelait Jacky Munaron. Il n'avait peur de rien, il n'hésitait pas à plonger sur la surface pavée et, quand il était battu, le ballon venait bruyamment frapper la porte métallique de la grande entrée de la prison qui nous servait de but. Les surveillants, énervés, sortaient alors précipitamment pour nous disperser. Quant à Jacky, il fera une carrière de footballeur exceptionnelle en défendant les couleurs d'Anderlecht avant d'être le gardien de but des Diables Rouges. C'est lui qui, en 1986, du balcon de la Grand-Place en folie au retour du Mexique, jettera son veston dans la foule en y laissant sa médaille dans la poche intérieure. Il ne l'a jamais retrouvée !

Dans ma jeunesse, le football constituait l'activité principale du dimanche après-midi et il y avait beaucoup de monde autour des terrains. Les grands derbys dans ma région pouvaient attirer jusqu'à mille personnes ! J'avais un cousin aîné, Joseph, qui jouait en équipe première à Havelange et qui m'a donné l'envie de devenir, comme lui, gardien de but. Je n'ai jamais été un joueur rapide et j'ai évolué à plusieurs places avant de me fixer définitivement au poste de gardien. Mon père, en son temps, l'avait été aussi. Mes deux fils, Thomas, un demi-def, et Romain, un attaquant, n'auraient pas davantage fait tache dans les buts.

À 19 ans, j'ai été sérieusement blessé. Une ostéochondrite aiguë au genou (une maladie des os et des cartilages) m'a privé du football pour toujours. Un coup d'arrêt qui m'a marqué terriblement : je n'imaginais pas mes week-ends sans football. À quelque chose malheur est bon, mes dimanches sont devenus plus libres et j'en ai profité pour m'investir davantage dans mes études en communication, notamment pour effectuer des stages et déjà quelques piges pour le journal régional *Vers l'Avenir.*

Un autre élément particulièrement formateur aura été le théâtre que j'ai découvert à travers les mises en scène d'une petite compagnie paroissiale. J'y ai tenu mon premier rôle dans *La porteuse de pain,* une pièce adaptée d'un roman du XIXe siècle. Le personnage central était une veuve qui devait nourrir toute sa progéniture et qui avait été accusée à tort d'avoir incendié l'usine de son patron. J'avais trois ans et, sur mon cheval de bois, je donnais la réplique à mon père. Plus tard, au Petit Séminaire de Floreffe, j'ai participé à une autre expérience plutôt unique, en tenant un rôle dans une pièce conçue à la manière de *Cinéscope,* l'émission de

Sélim Sasson dédiée au cinéma et basée sur de longs entretiens avec des vedettes du grand écran. Notre professeur d'éloquence y interrogeait le prof de dessin qui incarnait Molière, en proposant des extraits de pièces à la place des extraits de films. Mais ce qui est surtout resté dans ma mémoire, c'est le fait que nous partagions la scène avec les filles de Sainte-Marie. Des filles dans nos murs, pour certains de nos éducateurs, c'était une hérésie. Pour nous, quelle aubaine ! Rien que pour cette raison, c'était du théâtre avant-gardiste. Par après, j'ai rejoint la troupe du jeune théâtre havelangeois, dans un registre très diversifié avec une mise en scène confiée à une jeune diplômée de l'IAD (Institut des Arts et techniques de Diffusion). Il y avait un côté pro dans l'amateurisme et certaines audaces qui ont dû échapper à notre bon public campagnard. Depuis lors, les projecteurs sont braqués sur Fred, mon grand frère. Il déploie sur la scène de Malone une verve et une aisance appréciées par les amateurs de théâtre wallon, où j'aurai davantage le temps désormais d'aller l'applaudir.

Adolescent, j'ai aussi été membre du *Patro*, un mouvement de jeunesse d'inspiration catholique. Nous avions créé le groupe des 15-18. C'était un groupe mixte avec des jeunes venant d'horizons différents et un aumônier formidable, Norbert, dit Nono. Nos réunions hebdomadaires et les camps d'été donnaient lieu à des échanges nourris, toujours intéressants. Je pense avoir développé là une partie de ma capacité à entretenir le débat, à l'animer, à le relancer au besoin et à essayer de vider le problème quel qu'il soit. Merci à Martine, Margot, Marylène, Annick, Popof, Édith, Gaby, Collargol, Titeu, Boule, Godon, Vivi, Léon, Tartuffe, Valentin, Freddy et Christian… « Ces amis d'autrefois, s'ils entendent cela, ces amis du passé vont se rappeler, nous n'étions qu'à peine moins vieux. Nous avions envie d'être heureux… Puis quand au soir tranquille on se retrouvait, magique et facile, un air ou l'autre nous berçait » (Anne Sylvestre, *Les amis d'autrefois*). Il m'arrive encore d'être bercé par les airs de ces tendres années.

Avec toutes ces activités, je ne voyais pas souvent mes parents. Mais le dimanche, quoi qu'il arrive, nous nous réunissions autour du repas auquel ils attachaient beaucoup d'importance. C'est mon père qui préparait le traditionnel poulet du dimanche, tradition que je perpétue encore aujourd'hui. On attendait généralement que le débat télévisé soit terminé pour passer à table, autant d'occasions pour moi d'apprécier déjà l'exercice du débat politique, qui me passionne toujours autant.

Le moment le plus cafardeux de la semaine, c'était le dimanche en fin d'après-midi quand il fallait reprendre la route du collège : le train de 18 heures 30 à Ciney, la gare de Namur avec la première édition du journal *Vers l'Avenir* et les résultats sportifs pour attendre le bus spécial qui me ramenait à Floreffe, dans mon alcôve tristounette.

LE COMBAT DES CLASSIQUES ET DES MODERNES

À Floreffe, les professeurs et les éducateurs m'ont délivré un savoir fondamental. Je leur dois beaucoup. Mon frère, juste avant moi, avait connu la réelle rigidité d'un internat, la discipline de fer, l'éducation de plomb, la messe tous les jours. En 1967, quand j'arrive à l'internat, la direction change complètement de visage. On passe en quelque sorte du Moyen-Âge à l'âge moderne. Je garde le souvenir d'une plus grande souplesse, une éducation portée sur le dialogue, l'échange, avec une vision ouverte, tolérante, plus axée sur les valeurs humaines que sur celles, très rigides quelquefois, de l'Église. Il y avait aussi, fort heureusement pour moi, des activités sportives et notamment les championnats interscolaires où nous défendions tous les mercredis les couleurs bleu et blanc du Séminaire.

Le père de Marc Delire était professeur à Floreffe. En tant que ex-footballeur international belge, il forçait notre admiration. Je garde en mémoire un souvenir particulier. Cela se passait sur le terrain de football de Profondeville, nous jouions en finale provinciale. La victoire nous aurait ouvert les portes de la compétition interprovinces de l'enseignement libre. Je défendais les buts. À six minutes de la fin, nous menions 3-1. Michel Delire avait remplacé l'arbitre absent ce jour-là. Je le revois nous dire sur un coup de coin de nos adversaires que j'avais repoussé : « Allez les gars, il reste six minutes à tenir ! » Nous avons pourtant pris deux goals dans les six dernières minutes, ce qui nous a amenés aux tirs au but. Jusqu'au dernier tir, je n'ai rien arrêté mais mes coéquipiers avaient réussi à mettre le ballon au fond. Au moment du tir, le joueur d'en face, aussi stressé que moi, a placé le ballon à côté du but. En sautant dans les bras de mes coéquipiers, j'ai pourtant entendu le coup de sifflet de Michel Delire qui indiquait le point de pénalty. Personne ne comprenait. Lui m'avait vu bouger sur la ligne de but, ce qui était interdit. Il a décidé de faire recommencer. Nous avons été éliminés. C'est dans la voiture de Michel Delire que je suis rentré au Collège. L'atmosphère était glaciale. Mon ami Jacques, libéro de choc, et moi tirions franchement la tête. En quittant le véhicule, notre professeur m'a simplement dit : « Ce soir quand je boirai mon whisky devant la télévision, je veux être en paix avec ma conscience. Pour moi, tu as bougé, il fallait recommencer, c'est le règlement. » Belle leçon.

Au moment où, à 12 ans, j'achève ma première année en latin, on parle beaucoup des *modernes* et mon père, qui était pourtant aussi un littéraire, me dirige vers les maths et les sciences. Pour lui qui n'avait pas été en mesure d'achever ses études secondaires, c'était l'avenir, plus que le latin ou le grec.

En fait, il m'oriente mal, même si, au final, je décrocherai mon diplôme sans rater une année. D'une manière générale, je n'étais pas dans les premiers de classe, mais plutôt dans le gros du peloton, voire le *groupetto* de ceux qui se rassemblent pour tenter d'arriver dans les délais. Avec le recul, j'aurais dû me lancer dans ce qu'on appelait à l'époque les humanités gréco-latines.

Je suis un littéraire. J'ai toujours adoré le français sous toutes ses formes : l'écriture, la dissertation et l'éloquence. En rhétorique, j'ai ainsi obtenu le prix d'éloquence avec un exercice sur les mots de Montaigne : « Science sans conscience n'est que ruine de l'âme. » Et en poésie, j'étais inspiré, comme tous les adolescents de tous les temps, par le romantisme un peu exacerbé, je le concède, d'un Alfred de Musset ou d'un Gérard de Nerval. Jugez plutôt :

Je suis le Ténébreux, le Veuf, l'Inconsolé,
Le Prince d'Aquitaine à la tour abolie
Ma seule Étoile est morte, et mon luth constellé
porte le Soleil noir de la Mélancolie

GÉRARD DE NERVAL, LES CHIMÈRES, EL DESDICHADO, EXTRAITS

Un romantisme renforcé par le courrier de nos amoureuses de l'époque, distribué parcimonieusement par le préfet.

Au bout du compte reste une question sans réponse : que m'auraient apporté de plus, humainement ou intellectuellement, des études classiques ?

DU DROIT À LA COMMUNICATION

En 1973, mon diplôme du secondaire en poche, je quitte le Collège pour étudier le droit à Namur. J'y perds mes repères et je ne présente pas les examens de juin. C'est une période difficile, une période de doute et de déprime, que beaucoup de jeunes connaissent au moment de choisir une filière scolaire ou professionnelle. Je m'en sortirai grâce aux bons conseils de ma tante Mariette qui m'envoie consulter un centre PMS situé à Leuven. C'est cette consultation qui va déterminer mon avenir professionnel. Je dois tout à l'inconnu qui, ce jour-là, après m'avoir fait passer un entretien et une série de tests, me présente un dépliant de l'IHECS, l'Institut des Hautes Études des Communications Sociales, établi à Ramegnies-Chin, à côté de Tournai, en me précisant que «je dois faire cette école».

Je ne la connais pas, je n'en ai jamais entendu parler. En rentrant au village, j'explique à mon père que je *veux* faire ces études en communication. À ce moment-là, je ne pense pas encore au journalisme. Je suis plutôt attiré par l'éducation permanente, les loisirs, l'animation socioculturelle. Je me projette dans un rôle créatif au sein d'une maison de la culture. Mon père me rappelle que c'est une dernière chance après la cartouche déjà gaspillée en droit mais je sens un réel soutien, certes discret, à cette option un peu artistique et très peu classique à l'époque. Aujourd'hui, c'est une filière qui est bien davantage prisée. Pour la rentrée 2020 à l'IHECS, les inscriptions par Internet ont été clôturées en une heure de temps, laissant sur le carreau de nombreux jeunes.

L'IHECS a été créé en 1958 par les pères de Saint-Luc, l'école d'architecture voisine. Ils ont été les premiers à lancer une école spécifique de communication. Jacques Mercier, Michel

Lemaire ou Adamo notamment sont passés par là. De 1974 à 1978, je croise là-bas des professeurs impliqués dans la pratique quotidienne et donc très au fait des méthodes de communication : Raoul Goulard en télévision, Bernard Wathelet en radio, Robert Delieu en diction ou Alphonse Legros-Collard en photographie. Je profite aussi d'un cours d'écriture passionnant, avec un maître en la matière, « une force sensible », un homme provocant à plus d'un égard : Freddy Laurent. Personne n'a oublié son cours sur l'évolution des formes littéraires, sorte d'atelier d'écriture. On s'y exerçait dans tous les sens, malaxant les mots, bousculant la syntaxe, pour être plus percutants et trouver l'effet inattendu qui attire et interpelle celui qui vous lit ou qui vous écoute. Cette formation m'a aussi rendu plus attentif à la justesse du terme, à la richesse et à la diversité de vocabulaire.

Freddy Laurent est devenu en 1984 le directeur de l'Institut, preuve de la capacité d'audace du conseil d'administration. Je sais qu'il n'a pas fait l'unanimité pendant son mandat, mais cet homme était en recherche permanente et il a allumé en moi la petite flamme de la *langue* aboutie. Je faisais partie de ses étudiants quand, en 1976, il a tenu ce discours : « Que faut-il retenir ? Tout. 'Entre 18 et 20 ans, la vie est un marché où l'on vend des valeurs, la plupart n'achètent rien'. Malraux. Tout, pour qu'un jour vous soyez assez riches pour trier. Pour que les questions éclatées qui vous sauteront au visage comme des cailloux trouvent en vous des réponses, tout. Ah ! Vous demandez : pour l'examen ? Retenir pour l'examen ? L'examen de la vie, tout. L'autre examen, vous savez, celui de juin, qui voit un récipiendaire s'efforcer de plaire à un examinateur ennuyé, en jouant la comédie de l'érudition ou la tragédie du trou de mémoire ? Exactement ce qu'il faut de mémorisation pour nourrir la réflexion et délivrer la créativité. Ne soyez pas naïfs : c'est beaucoup. » (IHECS, nouveau cours d'Évolution des formes littéraires).

L'Institut a délivré ma créativité, entretenue aussi grâce à la diversité des médias que l'on y enseigne : photo, radio, télévision, aujourd'hui les « nouveaux médias » et Internet. Il a développé ma sensibilité au travers de ces techniques dans un contexte où on n'avait peur de rien. Mon œil journalistique s'est aiguisé, me rendant particulièrement sensible à la forme. J'ai toujours eu cette approche dans mes reportages et cette exigence auprès de mes collaborateurs. Avoir cette *image attitude* en télévision, non seulement ça aide mais ça peut faire la différence... D'année en année à l'IHECS, mon chemin s'est précisé. Quand j'ai découvert le journalisme, je ne l'ai plus lâché... Ce métier était fait pour moi.

L'IHECS a été une formation essentielle dans mon parcours. J'y ai connu des formateurs formidables, une éducation à la curiosité, un esprit d'ouverture, une proximité peu habituelle entre les professeurs et les élèves. Celles et ceux qui nous encadraient faisaient tout pour que l'imagination et la créativité puissent s'exprimer au mieux. Combien de fois n'a-t-on pas refait les cours dans la grande cafétéria !

CHEZ MAMAN

Ma toute première expérience de journalisme date de 1976 à la RTB. Je suis toujours étudiant à l'IHECS quand je passe des tests et suis retenu pour présenter à Bruxelles une émission destinée aux adolescents : *Tempo.* Je partage la présentation avec Gilles Verlant, qui deviendra un célèbre journaliste musical. Le réalisateur de cette émission est son père, Louis Verlant.

J'y mène des enquêtes légères, qui n'ont pas concouru pour le prix Albert Londres. Mon premier reportage est consacré aux animaux exotiques, boas, iguanes ou autres bestioles parfois très impressionnantes, nourries et cajolées dans des espaces minuscules. C'était la grande époque de la télé. On tournait trois jours pour un sujet de dix minutes avec une équipe au grand complet : réalisateur, scripte, cadreur, preneur de son, éclairagiste et journaliste. De temps en temps, il y avait même un assistant caméra. Mettez-vous dans ma peau de provincial : j'avais l'impression d'avoir été parachuté dans le monde magique du cinéma. J'avais des étoiles plein les yeux. J'étais encore étudiant et déjà plongé dans le bain médiatique. J'apprenais mon métier, j'étais naïf, je n'avais peur de rien.

Au départ, mon intérêt journalistique était davantage social que sportif, comme le révèle le choix de mon mémoire de fin d'études, un travail en télévision consacré à deux mères célibataires dans l'hôtel maternel qui les accueille, rue des Brasseurs à Namur. Titre : « Chez maman ». J'y rencontre deux femmes qui se confient à moi dans des témoignages sincères. Sans exhibitionnisme, elles m'expliquent leur vie, leur chemin, leur décrochage et le sauvetage par la structure namuroise très attentionnée qui les accueille. Ce reportage me permettra d'obtenir la plus grande distinction et me confortera définitivement dans l'idée que le journalisme audiovisuel sera mon métier.

C'est le journalisme de société qui me branche : les histoires des gens, l'originalité de leur parcours que j'aime faire découvrir au travers de rencontres. Raconter l'histoire des histoires, c'est passionnant et c'est l'essence même du métier. J'ai aussi développé sur ce terrain-là, sans doute, ma capacité à « faire dire ». Bernard Derenne, étudiant comme moi à Tournai, cameraman à l'époque et devenu photographe de presse chez Gamma, une grande agence photographique, est de ceux qui m'ont aidé à peaufiner cette sensibilité à l'image. On tournait encore en noir et blanc dans un support qui a aujourd'hui disparu, ce qui ne m'a pas permis d'en conserver la moindre trace.

À côté de l'émission *Tempo* en télévision, je me lance aussi en radio au centre de Namur, adoubé par Marie-Paule Eskénazy et André Mignolet, les patrons de l'époque, tout-puissants à la tête de leur centre régional et très bienveillants à mon égard. Le premier coup de pouce, ce sont eux qui me l'ont donné.

C'était une époque où une idée donnait rapidement place à un projet autour duquel on débloquait des moyens de production. C'était une chance énorme : voir ses idées aboutir très vite donne forcément envie d'en avoir d'autres. Plus tard, dans mon rôle de chef de rédaction des sports à la RTBF, je refuserai rarement les idées de reportage proposées par les uns ou les autres. À moi de me battre après cela pour obtenir les moyens.

Je collabore aussi à l'émission *Nationale 4*, en référence à cette route qui traverse la « Lotharingie wallonne » : les provinces du Luxembourg, de Namur et du Brabant wallon. À l'occasion des élections et pour être plus en phase avec notre public, à une époque où Internet n'existait pas et où le mot « interactivité » n'était pas encore utilisé dans le sens où on l'entend aujourd'hui, on allait placer nous-mêmes aux portes des maisons communales des boîtes aux lettres pour recueillir les questions des gens auxquelles on répondait sur antenne. C'était en 1976, l'année de la fusion des communes.

Un jour, on est arrivés dans l'entité de Philippeville, dans le petit village d'Omzée. Il n'y avait plus eu d'élections depuis 1921. Cette année-là, les 51 électeurs s'étaient divisés et le résultat du scrutin s'était soldé par un score très serré : 26-25. Dans le village, ce résultat avait provoqué des tensions telles que 57 ans après, il en restait des traces. On faisait alors de la radio de proximité en rencontrant les gens qui nous écoutaient. C'est toujours aussi vrai aujourd'hui. Dans notre métier, il faut invariablement chercher à comprendre à qui on s'adresse, pour être bien sûr d'être en phase, dans la forme du discours, avec tous les publics.

La politique au niveau local peut donner lieu à des situations incroyables. Mon père m'a raconté qu'un jour, dans le village de Miécret, un candidat aux élections n'avait obtenu qu'une voix : la sienne. Son couple n'avait pas résisté puisque, à l'évidence, son épouse n'avait pas voté pour lui.

On appelle *Petits matins* la période de la journée qui occupe les lève-tôt de la radio. Je ne suis pas à proprement parler un lève-tôt, je ne l'ai jamais été, je ne le suis pas devenu et ne le serai sans doute jamais. J'ai pourtant régulièrement animé, c'est un paradoxe, les *Petits matins* au centre RTBF Namur, l'actuel décrochage de Vivacité, toujours destiné aux auditeurs de Namur, du Luxembourg et du Brabant wallon, avec des rendez-vous spécifiques pour ceux qui nous écoutent dans chacune de ces provinces.

Dans l'insouciance de mes débuts, il m'est arrivé de garer ma voiture devant les studios, avenue Golenvaux, en entendant dans l'autoradio le lancement du générique de début de programme. J'entrais essoufflé dans le studio. Si je l'étais trop, le technicien derrière la vitre enchaînait avec le premier choix musical. Les chefs n'en ont jamais rien su ou ont fermé les yeux. Erreur de jeunesse, dilettantisme « coupable » !

PREMIER CONTRAT DE JOURNALISTE SPORTIF

Le 1er janvier 1980, après avoir touché un peu à tout, je signe un contrat de journaliste sportif. Je suis le premier « sportif » à temps plein du centre de Namur, fruit de la décentralisation opérée à la RTBF quelques années plus tôt. C'est sur ces ondes-là que Roger Laboureur viendra écouter mes premiers billets puisqu'il est, lui aussi, habitant de la province de Namur. Il me recommandera à Marc Jeuniau, chef des sports à Bruxelles. Le jour où je suis venu voir le « boss » dans son bureau du boulevard Reyers, j'étais assez impressionné. Marc fumait le cigare et caressait sa moustache avec le revers de son index en ménageant ses effets sur le jeune provincial – tout heureux d'être là – que j'étais. « Je vous écoute régulièrement en radio, j'aime beaucoup ce que vous faites. » C'était tout simplement impossible. Marc habitait Bruxelles et je pense qu'il n'avait pas même connaissance de l'existence de programmes radio matinaux au centre de Namur. Mais il avait fait confiance à Roger et à son feeling pour me confier mes premières missions. C'est ça aussi, être un chef.

Cette orientation sportive est davantage le résultat d'une opportunité qui s'est offerte à moi qu'un véritable choix de carrière. Je suis arrivé au sport par le journalisme, pas le contraire, et le regard que je porte aujourd'hui sur cette matière dénote encore cette réalité. Tout au long de ma carrière, je n'ai eu de cesse de cultiver cette diversité qui m'a aidé à prendre du recul, à dépassionner quand la situation l'imposait. Le sport n'était pas tout dans ma vie professionnelle et j'ai choisi délibérément de ne pas m'enfermer dans ce petit monde que je juge parfois excessif et parano. Quant à l'émotion, elle m'a quelquefois submergé, je dois bien le reconnaître, dépassé même, faisant ainsi vaciller les principes de base de la plus élémentaire déontologie.

ROBERT ET INGRID

1980, ce sont les Jeux de Moscou, largement boycottés. J'assure quelques commentaires depuis une cabine à Bruxelles; une intégration en douceur pour des Jeux plutôt fades. Un grand moment cependant : la médaille d'or de Robert Van de Walle dans la catégorie de moins 95 kilos en judo.

J'ai beaucoup côtoyé ce personnage *immense* qu'est Robert Van de Walle. Il s'entraînait à Dinant dans une famille d'autres judokas de pointe, les Nicolas. Un bourreau de travail. Dans les profils de grands sportifs que j'ai croisés, Robert Van de Walle n'a pas d'égal en termes de force mentale. Je commençais ma carrière quand j'allais le suivre à l'entraînement. Les souvenirs que j'ai de lui sur les tatamis sont tous liés à sa douleur, à l'envie que j'ai eue souvent de lui dire : arrête, Robert ! Son visage en sortie de séance était un véritable cri, exprimé dans la sueur et le silence. Et toujours le même rituel : remettre le kimono dans la ceinture, la resserrer et repartir au centre du tatami. Sans répit pour une éphémère gloire – potentielle – tous les quatre ans aux Jeux olympiques. Pour mieux comprendre cet état d'esprit, il faut aller revoir le sourire de Robert Van de Walle montant sur la première marche du podium à Moscou. Après quoi courais-tu, Robert ? « Dans la victoire ou la défaite, les Jeux olympiques ont fait de moi ce que je suis. » Tu courais donc après toi-même. Dans les interviews, vous étiez tous pareils dans cette génération : accessibles, répondant sans détour, habités d'une envie écrasante de vous surpasser et de partager avec votre entourage les valeurs qui étaient les vôtres. Je n'oublierai pas ces moments-là, comme je n'oublierai pas Ingrid Berghmans, autre très grande figure du judo, la sportive belge du siècle dernier, témoin elle aussi d'une époque qui a vu les journalistes entrer en contact avec une facilité déconcertante, et inimaginable aujourd'hui, avec les grandes figures du sport belge et international.

VENDREDI SPORT

C'est à cette époque que je fais partie de l'équipe de *Vendredi Sport* avec Raymond Arets et Jean-Marie Peterkenne.

L'émission était une production du centre de Liège considérée avec une certaine condescendance par la rédaction centrale de Bruxelles. Marc Jeuniau, le patron du service des sports, disait quelquefois avec un évident cynisme : « Je regarde *Vendredi Sport* mais jamais le vendredi. »

J'ai ainsi le souvenir d'un reportage consacré à Jules Tacheny, le père de Freddy et Thierry Tacheny, deux fils très présents dans le paysage médiatique aujourd'hui. Le très chaleureux Jules avait été un grand champion de vitesse pure à l'époque où notre pays comptait plusieurs usines de fabrication de motos (Sarolea et Gillet). L'année du reportage, cette forte personnalité avait 73 ans et quand il m'a invité à monter dans son side-car pour faire le tour du circuit – qui porte aujourd'hui son nom – à Mettet, je n'ai pas osé refuser. C'était sans imaginer qu'il allait incliner son engin et littéralement me soulever de la piste. Ça donnait bien à l'image mais il pleuvait ce jour-là et quand il m'a crié de me coller à lui, j'ai cru y laisser ma peau, même si le bon Jules a géré les choses comme un chef.

NON, ROGER, CE N'ÉTAIT PAS LA HONTE !

En 1980 toujours, Roger Claessen, numéro 9 du Standard, 161 buts, 229 matches, avait déjà terminé sa carrière depuis quelques années lorsque je le rencontre pour une longue interview radio. Roger « la honte », l'enfant terrible du football, c'était une vedette de mon enfance. Personne n'avait oublié son match contre Vasas Györ en Coupe d'Europe, en 1967. Malgré un bras cassé, contre l'avis des médecins et après une bonne rasade de whisky, il était remonté sur le terrain pour qualifier les rouges en demi-finale de la Coupe des Coupes. Personnage fascinant et séducteur, au temps de sa gloire, c'était l'émeute quand il se déplaçait. Dans cette interview, je n'ai pas remis en cause le parcours de la star liégeoise. Était-ce le lieu ? J'étais toujours sous le charme du joueur que j'avais adulé et de l'homme que je venais de rencontrer.

Je reste cependant touché, après toutes ces années, par la sincérité avec laquelle Roger Claessen revenait sur son passé. C'était un peu la chronique d'une déchéance annoncée et déjà entamée. Les revenus des footballeurs de l'époque n'étaient pas ceux des joueurs d'aujourd'hui et Roger n'est jamais arrivé à gérer son après-carrière. Je n'ai pas oublié le voile de mélancolie que j'ai décelé, ce jour-là, dans son regard.

Notre échange s'est prolongé au bistrot où l'ex-international passait une partie de son temps. L'après-interview valait largement l'interview elle-même. Deux années plus tard, Roger Claessen est mort dans des circonstances très tristes, désœuvré. Il avait 41 ans. Il est aujourd'hui encore le portrait de référence à l'entrée principale du stade de Sclessin. Roger « la honte » continue de faire la fierté de tous les Rouches. Je l'aimais bien pour tout ce que vous venez de lire mais aussi parce que ces vedettes-là laissaient la place à toute leur humanité, sans faux-semblant, sans fausse communication, rien que de la sincérité et forcément des failles largement ouvertes quelquefois. « La gloire est le deuil éclatant du bonheur. » Quelques autres sportifs pourraient disserter longuement sur la citation de Madame de Staël. Je suis prêt à mener ce débat...

PARIS-DAKAR

Mon premier grand reportage à l'étranger aura été le Paris-Dakar que j'ai couvert pendant trois semaines en 1981. Avec le cameraman, le preneur de son et le chauffeur, on se déplaçait dans un 4x4 *Land Rover* qui affichait plus de cent mille kilomètres. À quatre dans ce périple, on suivait le pilote multi-champion de Belgique en course de côtes Tony Gillet et son mécène, pour l'occasion, Nicolas Crets.

Le Dakar à cette époque, c'était une aventure ; aujourd'hui, c'est devenu une course. En arrivant à Goma (Niger), Tony a cassé une pièce qui soutenait la suspension arrière de son véhicule. Le maréchal-ferrant de la ville lui a fabriqué cette pièce à l'identique, qui a tenu toute la suite de l'épreuve et bien longtemps après. Tony Gillet, fasciné par ce savoir-faire, en parle aujourd'hui encore, lui qui est devenu constructeur et qui a conçu depuis lors l'unique voiture belge existante : la Vertigo.

Nous sommes arrivés presque au bout du Paris-Dakar, non sans difficulté. Il n'y avait pas de GPS à l'époque et la seule référence à notre disposition était le roadbook très précis dont j'avais la charge. La seule idée que je pouvais être responsable d'un égarement dans le désert me tétanisait et je ne pouvais m'empêcher de communiquer mon stress à mes collègues, mais on ne s'est jamais perdus. Comme on arrivait souvent trop tard au bivouac, on se nourrissait uniquement de boîtes de conserve réchauffées sur un camping-gaz. Au final, j'ai perdu sept kilos. J'ai aussi appris la difficulté de la vie en groupe dans un espace réduit. L'ambiance entre le cadreur et le preneur de son s'était lentement dégradée et la qualité de notre reportage s'en est ressentie. La fin du parcours étant particulièrement accidentée, nous avons ensuite choisi de prendre le train à Kayes, au Mali. La voiture était fixée sur une plateforme et, dans chaque gare, le chef, en short et coiffé de son képi, enclenchait les aiguillages à l'arrivée du train et les remettait en place à la sortie. Moment qu'il ponctuait d'un grand coup de sifflet. Au final, le train est arrivé à Dakar avec deux jours de retard.

C'était le Dakar dit de « la grande époque », celui qui a notamment permis à Jacky Ickx de tomber amoureux du continent africain. Mais sans doute n'ai-je pas pris assez conscience, dans ces années, de la dissonance fondamentale qui existait déjà entre les acteurs et les spectateurs *obligés* du Dakar. Je pense qu'il serait bien aujourd'hui d'associer en télé un projet humanitaire à chaque étape, un projet qui mobiliserait les organisateurs et les chaînes détentrices des droits. La puissance médiatique pourrait démultiplier les démarches et les projets précis. On pourrait même imaginer qu'un pourcentage des droits versés par la télévision pour couvrir l'épreuve soit directement reversé à ces projets. Le chanteur Daniel Balavoine était dans cette logique. Il soutenait une opération pompes à eau. Il était aux côtés de Thierry Sabine quand ils sont morts, le 14 janvier 1986, dans un accident d'hélicoptère consécutif à une tempête de sable. Souvent je me suis demandé ce qu'étaient devenues ces si précieuses pompes à eau. Servent-elles encore ? Y a-t-il une maintenance régulière ou, comme je le crains, cette opération n'a-t-elle été qu'un peu de poudre aux yeux ? Quand la caravane est passée, que laisse-t-elle vraiment derrière elle ?

BORG À COUVIN

Je rencontre Björn Borg à Couvin en 1984 lorsqu'il visite l'usine Donnay, une société belge florissante à l'époque. Donnay était le fournisseur de raquettes du Suédois au temps de sa gloire. Le contrat avait été chèrement négocié mais des centaines de milliers de raquettes Borg pro ont été vendues pendant cette période. J'ai vu cette société prospérer, puis décliner, de faillite en rachat... Aujourd'hui, l'usine de Couvin est désaffectée mais je ne crois pas que la marque a totalement disparu.

Borg était plus froid que la glace suédoise. Il avait un côté inaccessible et, devant l'ensemble des photographes qui le matraquaient, ses réponses étaient formatées, très prévisibles et finalement peu intéressantes – comme mes questions sans doute : j'étais jeune et l'admiration que je lui portais ne m'avait pas aidé à sortir du moule convenu de ce genre d'exercice. À l'époque, je suivais le basket féminin, le tennis de table à Florennes ou à Rouillon, la balle pelote à Saint-Servais, l'athlétisme à Dampicourt et à Nivelles. Alors, rencontrer le grand Borg venu voir comment sa raquette était fabriquée dans cette petite ville de la province de Namur, accueilli dans cette usine familiale par tout le personnel, devant une armada de journalistes et de photographes belges et étrangers... C'était inhabituel pour moi.

LES PRÉMONITOIRES LEÇONS DES « FIESSES DI WALLONIE »

Les Fêtes de Wallonie, c'est l'événement festif par excellence des Namurois. Du jeudi au lundi, le troisième week-end de septembre, le Namurois se lâche. Au cœur de la fête, en 1984, j'ai eu la chance de présenter une émission hors sport, un direct de deux heures. Depuis la place du Marché aux Légumes, nous avons conçu avec Canal C, la télévision locale, et FacTV, la télévision des Facultés Universitaires, un programme autour d'un invité de référence. La rencontre avec l'abbé Paul Malherbe reste un de mes plus beaux souvenirs professionnels. Paul Malherbe était un personnage hors norme, extrêmement humble, connu dans son quartier pour son soutien aux plus démunis et à l'extérieur pour sa messe en wallon le lundi des Fêtes de Wallonie. Dans son sermon en patois namurois, il a toujours fait passer des messages forts aux représentants politiques, tous partis confondus, assis aux premiers rangs de l'église Saint-Jean pour la circonstance.

Lors des « Fiesses di Wallonie » de 2009, en pleine crise financière, il a notamment tenu ces propos qui font particulièrement écho dans la nouvelle crise sanitaire et sociale qui nous frappe aujourd'hui : « Quand une babiole d'Yves Saint Laurent ou de Pierre Bergé est vendue sept millions d'euros au Grand Palais de Paris, je n'entends personne moufter. Idem pour les montants de transferts du Real Madrid. Alors les politiciens, les banquiers, les économistes sont responsables de la crise, mais c'est nous les premiers responsables car nous avons laissé faire (...) Les folies de ce monde sont les nôtres. Notre terre est malade de l'homme. Et l'homme, ce n'est pas l'autre, c'est nous tous. » D'où l'absolue nécessité, pour nous les médias, d'être attentifs à ce qui se passe près de nous. Paul Malherbe est parti en 2017 ; son successeur aux Fêtes de Wallonie, Bernard Van Vinckt, Flamand d'origine, arbitre de football dans une première vie, est un curé tout terrain et progressiste.

Les Fêtes de Wallonie ont été aussi pour moi l'occasion de présenter pendant plusieurs années, avec Pierre Dufaux, le spécialiste du wallon à la RTBF de l'époque, un journal parlé en dialecte. C'était amusant de donner les résultats du sport régional dans le patois local. Je l'ai fait.

MON ROGER

En 1984, l'ambiance du studio était détendue entre Roger Laboureur et moi durant la présentation du *Spécial Los Angeles*, un résumé quotidien en soirée des Jeux olympiques qui se déroulaient sur la côte ouest des États-Unis. Roger y déployait un humour très personnel, très populaire, qu'il a affiné avec le temps, avec le sentiment de toucher au cœur celles et ceux qui le suivaient au jour le jour. Je me souviens qu'un soir, après le résumé d'un match de boxe, nous étions revenus à l'image avec un œil au beurre noir, fruit d'un rapide maquillage. Après une compétition de tir à l'arc, Roger, sans sourciller (c'était essentiel de rester sérieux), a repris la parole, comme si de rien n'était, une flèche plantée dans la poitrine. C'était bon enfant, le public adorait cet emballage vivifiant et nous étions inondés de courriers qui louaient l'atmosphère légère du plateau. Sans oublier un seul résultat, nous résumions les images du jour avec un décalage que je pense salutaire. L'idée était de sortir la très sérieuse RTBF de l'époque (il y a 36 ans) des créneaux habituels, de son costume un peu étriqué et de la rendre plus accessible, pour créer du lien.

L'émission était diffusée de 20 à 23 heures 30 et c'est là que j'ai connu le plus grand fou rire de ma carrière, un fou rire en direct sur des images de lutte gréco-romaine. J'avais préparé mes commentaires sans les confronter aux images que j'ai seulement découvertes en studio. J'ai donc commencé par une analyse plutôt technique des forces en présence quand j'ai senti Roger partir en vrille en découvrant les images assez équivoques de la première prise entre les deux athlètes. L'écart entre mes commentaires, « sans intérêt » aurait dit Roger, et les images de ces candidats à la médaille qui s'enlaçaient fiévreusement était tel que nous avons perdu le contrôle de nos émotions. Les cameramen en studio étaient incapables de garder leur caméra dans l'axe de nos visages et nous n'avons jamais pu retrouver le souffle qui nous aurait permis de donner le nom du vainqueur.

Ce fou rire a marqué les esprits, comme celui que j'ai eu début 2000 avec le réalisateur Claude Hulet et qui a fait la joie des bêtisiers pendant de nombreuses années. Je devais alors faire un point sur la situation au Sporting Club de Charleroi dont les résultats n'étaient pas en phase avec les attentes. On m'envoie pour l'occasion un cameraman et je demande à Claude de me poser la question pour enregistrer ma réponse. Il se fait que Claude avait connu un grand moment de solitude lors des 20 kilomètres de Bruxelles quelques années plus tôt. Il s'était avancé vers le vainqueur qui, complètement essoufflé, venait de franchir la ligne, et il lui avait demandé sur un ton très sérieux : « Alors, ce fut dur ? » À la rédaction, on l'avait passablement charrié sur cette question posée dans un style suranné. Quand il arrive donc dans mon bureau pour m'interroger, je le sens tétanisé alors qu'il doit simplement me poser une question qui, de toute façon, ne sera pas retenue au montage, et sur le ton sentencieux qu'il avait utilisé aux 20 kilomètres, il me demande : « Alors, Michel Lecomte, que se passe-t-il à Charleroi ? », ce qui suffit à déclencher chez moi un fou rire que je ne parviens pas à maîtriser. À chaque fois que le malheureux Claude tente de poser sa question, je repars et je finis écroulé sur mon bureau. Claude, un homme adorable, qui a mis un peu de temps avant de me pardonner, ne comprend pas pourquoi je ris et, après quelques tentatives, s'en va, vexé. Arrive entre-temps Marc Delire qui en remet une couche et mon fou rire reprend de plus belle. Jamais on ne m'a autant parlé d'un passage en télé et j'ai pourtant quelques heures de vol.

Le plus cocasse dans cette histoire, c'est le coup de fil que j'ai reçu plusieurs années après du Palais, qu'on a pris d'abord pour une blague téléphonique. C'était le prince Laurent qui, ayant découvert ce fou rire lors d'une énième rediffusion, souhaitait me rencontrer avec monsieur *Délires* – comme il l'appelait – pour nous entretenir d'une préoccupation pour lui essentielle : « apporter du bonheur aux gens dans les chaumières », et manifestement aussi dans les palais. Cela ne s'est finalement pas fait mais l'essentiel c'est que le prince... a ri. Pour terminer sur cet épisode, je tiens à remercier Antonio Capurso, le cadreur, qui a eu le bon réflexe de continuer à filmer. Sans lui, point de bonheur à partager.

Pour en revenir à Roger et cette fameuse année 1984, je retiens aussi qu'il avait choisi, non sans risque, d'oser l'humour avec une certaine audace qui était sa marque de fabrique. Sa popularité, sa façon de ne jamais donner de leçon, l'expérience qu'il a acquise dans le métier lui permettaient cette démarche, sans avoir d'impact sur son professionnalisme et sa rigueur qui ont toujours été au rendez-vous. Le « Lab's », comme je le surnommais (lui m'appelait « Los Contos »), aura donc été le précurseur d'un ton plus léger qui, petit à petit et malgré les résistances, s'est installé dans les programmes qui encadraient les grands directs. Les choses évolueront dans ce sens et, deux années plus tard, je connaîtrai mon véritable envol avec *Mexigoal*. Mais, avant cela, il y eut le drame du Heysel.

LE CAUCHEMAR DU HEYSEL

Ce soir du 29 mai 1985, la finale de la Coupe d'Europe des clubs champions oppose deux géants du football, Liverpool et la Juventus.

Cette semaine-là, je suis affecté au JT pour assurer la page sportive quotidienne et pour préparer une séquence sur cette affiche grandiose ; je pars en tournage l'après-midi avec un angle précis : le comportement des supporters avant le match. Les Italiens et les Anglais sont réputés pour être les plus violents du vieux continent dans ces années marquées par le hooliganisme.

Sur l'esplanade du Heysel, il fait beau. Les supporters italiens et anglais sont déjà là mais l'atmosphère est plutôt bon enfant. Rien ne me laisse imaginer un seul instant ce qui va se passer quelques heures plus tard. Je ne suis pas informé qu'il y a une aberration dans la répartition des places et qu'ainsi, des tifosis italo-belges vont se retrouver dans le fameux bloc Z, initialement réservé aux spectateurs belges « neutres », juste à côté du bloc réservé aux Anglais. L'après-midi, je prends des images d'ambiance, de rapprochement même entre les supporters. Je ne sens pas de tension particulière ou anormale, ce que me confirment les policiers sur place.

Au même moment cependant, des bagarres éclatent à quelques kilomètres de là, sur la Grand-Place de Bruxelles, mais c'est une autre équipe, sans journaliste, qui tourne au centre-ville. Quand je reviens à Reyers pour assurer le montage de mon sujet à destination du JT, je prends connaissance des événements qui se sont produits sur la Grand-Place. Je les intègre dans le sujet définitif en urgence sans en prendre la véritable mesure.

C'est Jean-Jacques Jespers qui présente le journal. Juste après le générique, il introduit mon reportage dont j'assure le commentaire en direct – dans le jargon du métier, on appelle cela faire une « cabine ». En lisant mon commentaire, je devine sur un autre écran, en régie, des images de bagarres et je vois les mouvements d'une foule paniquée.

La consternation est totale. Arsène Vaillant, qui devait commenter le match, intervient en direct après ma séquence. Il n'a plus jamais été le même commentateur après cette rencontre. Quelque chose en lui s'est cassé, il n'a plus été en mesure de voir un match comme avant, obsédé à chaque mouvement de foule par l'idée que le pire puisse encore arriver. « Je ne suis pas un correspondant de guerre », dira-t-il.

Plus tard, Jean-Jacques me reprochera de ne pas avoir senti venir le drame qu'on allait vivre en direct et qui provoquera la mort de 39 personnes.

Inconditionnel du football anglais, Frank Baudoncq était au stade comme spectateur. Il est parti, dégoûté. Roger Laboureur, au stade lui aussi, devra d'abord rassurer des amis dont le fils est dans la tribune Z. Ce fils, c'est Philippe Antoine, devenu journaliste à la RTBF, qui échappera au drame après une énorme frayeur et le sentiment qu'il allait y rester.

Ce fut un choc pour tout le monde, pour nos techniciens sur place aussi : Théo Van Gestel et Freddy Blavier ont été parmi les premiers à entrer dans le bloc Z. Ils travaillaient pour la télévision suisse romande qui tournait un sujet sur le hooliganisme... Théo Van Gestel m'avouera plus tard qu'il a craqué en découvrant au montage toute l'horreur des images qu'il avait filmées. Au moment du tournage, la caméra et son œilleton le coupaient, le protégeaient en quelque sorte de l'horrible réalité. Devant l'œil du cameraman et du photographe, il y a toujours un filtre qui permet sans doute à ces grands professionnels de nous rendre mieux l'actualité. Ce n'était pas le cas du preneur de son. Confronté aux événements sans pouvoir les mettre à distance, il a toutefois effectué son travail en direct avec sang-froid et professionnalisme. Ces événements ont longtemps hanté les nuits de Freddy.

La question s'est très vite posée de savoir si la RTBF devait continuer de couvrir le match en direct, alors que les organisateurs avaient décidé de poursuivre la finale, de peur de mettre encore de l'huile sur le feu et de provoquer de nouveaux débordements dans les rangs des supporters. Pour nous, d'un point de vue journalistique, il fallait rester sur l'événement. L'événement, ce n'était plus un match de football, c'était un drame humain qui se produisait à Bruxelles et dont la violence inouïe nous avait tous dépassés sans que nous sachions comment les choses allaient évoluer. Il aurait fallu garder l'antenne mais modifier le dispositif de couverture en apportant un soutien au commentateur et en accompagnant le commentaire du match d'autres éléments d'informations qui tombaient de minute en minute. C'est ce que Roger, bien seul, a fait en permanence, en soutien du commentaire d'Arsène figé dans sa description de la parodie de match que Platini et les autres nous jouaient. Aujourd'hui, dans des circonstances identiques, avec les moyens dont on dispose, on étofferait la couverture avec des relais et des journalistes à l'extérieur du stade, dans les hôpitaux, près des policiers...

Le lendemain, c'était le branle-bas de combat dans toutes les rédactions. J'ai poursuivi ma semaine au JT. Il fallait expliquer, contextualiser, reconstituer, tout cela en évacuant la charge émotionnelle. Les images les plus impressionnantes, celles que je garde toujours en mémoire, ce sont les nombreux objets personnels qui étaient rassemblés au pied du bloc Z : des vêtements, des chaussures, des montres, des bracelets, des morceaux de vie perdue. Très présent aussi dans mon souvenir, le cortège des ambulances qui alignait les minibus Volkswagen de la Croix-Rouge sur l'avenue Houba de Strooper. Le hooliganisme venait d'écrire chez nous une des pages les plus sombres de son histoire.

1986 : DE NAMUR À BRUXELLES

Le 1er janvier 1986, à la demande de Marc Jeuniau, je passe à temps plein à la rédaction des sports, sur le site de Reyers. Ce transfert à Bruxelles est un pas de géant dans ma carrière.

À l'époque, je suis, dans l'équipe, le premier à détenir une licence en communication. Richard Debeir était diplômé de l'Institut du journalisme, Marc Jeuniau et Théo Mathy avaient fait leurs classes dans la presse écrite. Théo avait suivi des cours de sténographie et débuté des études de médecine qu'il ne terminera pas à cause de la guerre. Arsène Vaillant, qui partageait les mêmes bancs que Théo à l'athénée d'Ixelles, n'avait pas de formation de journaliste. Il était d'abord un sportif de haut niveau qui avait été repéré dans la rue par les recruteurs du White Star. Il a joué comme centre-avant pendant la guerre, puis a été transféré à Anderlecht comme arrière droit en 1947. Il a été cinq fois champion avec Anderlecht et douze fois international. Il racontait qu'un jour, il avait reçu dans sa boîte aux lettres une convocation pour l'équipe nationale de football et une autre pour celle de basketball. Une autre époque.

Marc, Théo et Arsène ont en commun d'avoir inventé une profession que personne n'avait exercée avant eux, celle de reporter sportif pour la télévision. Télévision à laquelle Luc Varenne, Alphonse Tetaert de son vrai nom, tournaisien d'origine, choisira de renoncer. Star de la radio, il avouait à l'époque ne pas croire au succès de la télévision.

Roger Laboureur et André Remy avaient une formation de professeur, Frank Baudoncq d'instituteur et Pierre Depré d'historien de l'art. Les courants étaient donc très diversifiés dans l'équipe. C'est beaucoup moins le cas actuellement puisque la grande majorité des journalistes sportifs ont suivi une formation en communication. L'exception, c'est Gaëtan Vigneron, licencié en droit, ce qui ne l'a pas empêché de devenir un commentateur de référence en Formule 1.

En 1986, dans la rédaction, les postures divergeaient entre journalistes « populaires » et journalistes plus « intellectuels », entre « rouges » et « mauves », entre Wallons et Bruxellois. C'était parfois lourd à porter pour le petit jeune que j'étais mais il faut reconnaître que cette diversité, source de tensions internes à ses heures, était porteuse auprès de notre public qui appréciait ces stars aux profils contrastés. Car on l'a peut-être oublié, mais

Roger Laboureur, Arsène Vaillant, Frank Baudoncq, Pierre Depré ou Richard Debeir étaient devenus de vraies célébrités à qui on déroulait le tapis rouge sans que la RTBF ait fait la moindre promo ni placé la moindre affiche dans un abribus.

J'ai un peu connu cela avec notre équipe de foot qui allait se produire, à la demande, pour soutenir l'une ou l'autre bonne cause. Toute la rédaction ne jouait pas. Arsène, toujours présent, et Roger, à la carte, gagnaient largement à l'applaudimètre, sauf lorsqu'un certain Eddy Merckx venait renforcer l'équipe RTB. C'était un bon joueur de foot, cet Eddy, teigneux mais un vrai renfort sur lequel on pouvait aussi compter dans la 3e mi-temps. Laboureur, footballeur ? Oui, ça rime. Le Lab's jouait dans un mouchoir de poche en milieu de terrain, en un temps, toujours précis et sans débauche d'énergie. Il se réservait pour l'après... Arsène disputait tous les matches comme s'il s'agissait de la finale de Coupe du Monde. Il avait une très belle vision du jeu. Pierre Depré était un défenseur efficace dans le marquage sur l'homme. Certaines de ses interventions ont dû laisser quelques séquelles chez nos adversaires. Mais tout s'arrangeait à la réception où Maurice Loiseau, l'arbitre et réalisateur au service des sports, devait faire face à la bronca d'Arsène. Il est vrai que Maurice, qui a toujours eu un grand sens des relations publiques, favorisait systématiquement et quelquefois ostensiblement l'adversaire. C'était au final très bon pour notre image de marque.

Nous formions une joyeuse bande. Ce furent de grands moments de plaisir pour moi qui défendais les buts, malgré mon handicap au genou.

Dans la génération d'après, Marc Delire était au-dessus du lot, développant un registre très complet. « Deliros », c'est ainsi que Roger l'avait appelé, dirigeait la manœuvre. Rodrigo Beenkens avait un réel sens du but, un bon 9 ! Et une constante : un sens développé de la 3e mi-temps.

Entouré de ces fortes personnalités, Marc Jeuniau n'a pas eu la tâche facile. Il a dû créer une rédaction des sports de toutes pièces en veillant à maintenir l'église au milieu du village, déchiré lui-même entre une rigueur classique, sans risque, dans l'exploitation des droits qu'il avait âprement négociés, et ce ton plus audacieux qui donne une autre couleur à l'écran sportif.

Il fallait trouver une autre voie, imposer un autre langage télévisuel auquel j'avais été initié dans mes études et dont plusieurs de mes collègues avaient du mal à saisir l'intérêt. J'étais assis entre deux générations, celle des Vaillant, Mathy, Laboureur, Baudoncq, Remy, Debeir, Depré, d'un côté, et celle des Vigneron, Robert, Beenkens, Delire, Deprez, de l'autre. Je n'étais évidemment pas en position de force pour changer les choses, mais celles-ci se sont naturellement mises en place. J'ai été épaulé par Cécile Gonfroid, jeune réalisatrice, dans l'évolution formelle d'une écriture audiovisuelle nouvelle.

MEXIGOAL, UNE AUTRE TÉLÉVISION

Diplômée de l'IAD, entrée à la RTBF en 1984, Cécile Gonfroid est co-réalisatrice, avec Maurice Loiseau, de l'émission *Mexigoal* que je présente en alternance avec André Remy. Cécile est certes une passionnée de sport mais c'est surtout une passionnée de télévision et une des premières femmes qui entrent dans le très masculin service des sports.

Notre intention, en 1986, est de proposer chaque soir une émission autour des matches, en présence du public et d'artistes qui apportent une touche plus décalée, avec des séquences qui nous éloignent un peu du pur football. C'est la première fois, pour une Coupe du Monde, que la RTBF va au-delà de la simple retransmission pour prolonger l'analyse et le plaisir de ceux qui nous suivent par des réactions et des séquences qui s'inscrivent dans un format à mi-chemin entre l'information et le divertissement. Une semaine avant la première émission, Marc Jeuniau nous appelle dans son bureau et nous dit : « Et si on faisait comme d'habitude, une présentation, on lance le match, avec un consultant à la mi-temps et à la fin du match ? » Finalement, on réussit à le convaincre et il finit par nous faire confiance, mais du bout des lèvres. Coup de bol imprévu : les Diables Rouges réalisent une campagne historique et font entrer, de facto, *Mexigoal* dans la mémoire collective.

Mexigoal aura été un tournant dans l'histoire de la télévision. À cette occasion, nous sommes sortis de nos ornières, en amenant la Coupe du Monde dans le salon des gens, y compris chez ceux qui n'étaient pas des spécialistes de foot. C'est notamment dans l'émission présentée par André Remy que Toots Thielemans a improvisé une Brabançonne à l'harmonica lors de la victoire contre l'URSS. Après le succès historique de notre équipe nationale, qu'on doit principalement à Scifo et sa bande, Marc Jeuniau n'aura plus vraiment d'hésitation à nous confier les clés des studios.

En 1990, l'équipe de *Calcio club,* avec Gaëtan Vigneron et Rodrigo Beenkens aux manettes, installe l'ambiance italienne dans le Studio 6 de la RTBF. Un barman y prépare des cocktails (sans alcool) pendant le direct. Son nom ? Fred Verhaegen, actuel directeur du centre national de football à Tubize.

En 1992, le Danemark, invité de dernière minute, s'impose à l'Euro suédois. C'est sans la Belgique. On en profite pour mettre à l'antenne des émissions thématiques : le foot et les femmes, le foot et les jeunes, le foot et la violence, le foot et le racisme, le foot et l'argent, des soirées à thèmes, du vrai service public.

La Coupe du Monde 1994, elle, commence sur nos antennes au cœur de l'abbaye de Maredsous où nous accueillons les téléspectateurs auprès du père Claude Thiran, chef de chœur et cheville ouvrière du FC Maredsous qu'il porte à bout de crampons. Il faut dire qu'il y a une tradition à entretenir à Maredsous, car c'est dans l'école abbatiale qu'on a disputé un des premiers matches de football en Wallonie, inspiré par le voyage d'un moine en Angleterre. Autour du père Claude, quelques moines sont sortis du silence, prouvant ainsi l'intérêt universel de cette compétition. Gabriel Ringlet, vice-recteur de l'université de Louvain à cette époque et professeur dans le département de communication, en a d'ailleurs fait un billet dans le journal *La Croix*, le 24 juin, dans lequel il reproduit les mots du père Thiran : « On peut être moine et aimer le football. » Voici un extrait de ce beau billet : « (...) Et le Rwanda, direz-vous ? Et la Bosnie ? Et le chômage ? Et les magouilles politico-sportives ? Je sais. Oui, je sais à quel point 'la religion du foot' peut être de pacotille. 'Je n'ai rien à faire au-dehors', me souffle dans l'oreille le mystique flamand, Ruusbroec l'admirable. Et Christian Bobin, mystique et admirable à sa manière, me dit dans *L'inespérée* : 'Tu es là, dans ton fauteuil ou devant ton assiette, et on te balance un cadavre suivi du but d'un footballeur, et on vous abandonne tous les trois, la nudité du mort, le rire du joueur et ta vie à toi, déjà si obscure, on vous laisse chacun à un bout du monde, séparés d'avoir été aussi brutalement mis en rapport'. (...) J'aime croire aussi que la passion du foot est plus intérieure qu'il n'y paraît. Car 'toute passion est intérieure', me dit Franck Venaille. 'Elle use, brûle et ronge qui la vit. Le football m'a usé. Mais il me semble qu'en même temps, il m'a vivifié'. »

À l'occasion du match Belgique-Maroc, nous avons établi nos quartiers à la STIB, la société des transports publics bruxellois qui compte dans son personnel un fort contingent d'origine maghrébine. C'est là que nous avons vécu la courte victoire des Belges (1-0 avec un but de Marc Degryse) entre la bière et le thé.

L'idée était d'étoffer le propos, d'éclairer le lien fort que peut établir le foot au-delà de ses passions parfois malsaines, de rendre le sport attractif aussi pour les non-initiés, et, oserais-je dire, de *s'évader* un peu, car on a failli faire un direct depuis la prison de Verviers : les visites techniques avaient eu lieu et les détenus susceptibles de participer au direct sélectionnés, le directeur avait marqué son accord mais le ministre de la Justice, Melchior Wathelet, a mis son veto au tout dernier moment.

Pour le très serré Pays-Bas-Belgique, nous avons installé nos caméras au domicile de Jean-Luc Dehaene, le Premier ministre. L'après-midi, Célie son épouse a préparé un poulet-frites pour l'ensemble de nos équipes techniques. Jean-Luc Dehaene nous rejoint en toute fin d'après-midi. Il vient d'atterrir à Zaventem, de retour d'un sommet européen en Grèce où il n'a pas été désigné président de la Commission européenne. Il quitte son costume-cravate sans trop d'états d'âme pour se jeter avec une évidente excitation dans ce nouveau derby des plats pays. Michel Preud'Homme multiplie les arrêts et protège le résultat final. Un but, un seul. Un but de Philippe Albert en personne. On sent notre Premier assez satisfait d'avoir gagné contre les voisins hollandais. Il n'en fera pas un fromage, l'Europe ça se respecte sur ce terrain-là aussi. Jean-Luc Dehaene était un grand supporter du Club de Bruges, ce qui lui avait fait dire un jour : "une défaite du Club, c'est plus difficile à digérer pour moi que la chute d'un gouvernement".

Depuis *Mexigoal*, j'ai le vent en poupe et je me vois confier, début septembre 1987, la présentation de *Match 1*. Je dois à Marc Jeuniau de m'avoir permis de vivre tous ces moments forts. C'est un homme-clé dans ma carrière, qui m'a aussi poussé à prendre mes responsabilités dans la direction du service.

Mais avec le recul et malgré l'écoulement du temps, je ne peux passer sous silence les difficultés qui ont émaillé le travail au sein de la rédaction. Deux exemples pour vous aider à mieux percevoir les courants qui animaient la vie de notre équipe.

En 1989, au terme d'un championnat passionnant, le FC Malines avait décroché le titre, au nez et à la barbe des grands clubs. Le club présidé par John Cordier avait secoué le cocotier du foot belge. L'équipe, entraînée par le Hollandais Aad de Mos, avait belle allure : Preud'homme, Albert, Wilmots, Versavel, Emmers, den Boer, Ohana.... J'ai été à cette occasion réprimandé pour une interview dans le vestiaire malinois en pleine effervescence. Il est vrai que j'avais l'écharpe sang et or autour du cou et une casquette malinoise que Michel Preud'homme m'avait posée sur la tête. On était loin déontologiquement du journalisme rigoureux, je l'avoue, je m'étais trop laissé emporter par les événements.

Dans un contexte très différent, plusieurs d'entre nous avaient estimé que Frank Baudoncq aurait dû être plus critique, moins empathique, dans son interview de Constant Vanden Stock, depuis son appartement cannois. Celui-ci y reconnaissait publiquement, pour la première fois, treize ans après les faits, avoir « prêté » de l'argent à l'arbitre de la rencontre Anderlecht-Nottingham, ce qui était quand même une déclaration choc.

Dans un cas comme dans l'autre se pose une question toujours d'actualité : la relation du journaliste avec le club ou la discipline qu'il couvre en priorité. Et la juste distance à maintenir pour préserver son indépendance – et sa légitimité.

LE LECOMTE SODA SHOW

Soda, le nom de scène de Marie Deshormes, a été rendue célèbre par *Le Jeu des dictionnaires* où sa voix grave, bien posée, ses éclats de rire spontanés, donnaient au programme de Jacques Mercier une touche de fraîcheur qui m'a très vite plu.

Avant de suivre son mari à Londres et de s'écarter du boulevard médiatique qui s'ouvrait à elle, Soda a participé à plusieurs émissions sportives, notamment celles des Jeux de

Séoul de 1988, en y apportant ce regard féminin que j'ai toujours cherché à intégrer. Avec elle, j'ai aussi eu l'opportunité de quitter le terrain du sport, dans le *Lecomte Soda Show*, un programme de divertissement diffusé pour les fêtes de fin d'année 1990, réalisé par John Dauriac et produit par un autre vieux complice, Jean-Michel Germys.

Ce fut un moment magique, témoin d'une belle connivence entre elle et moi. Déguisé en vagabond, j'y ai notamment interprété une parodie de Charles Aznavour sur des paroles d'André Remy, « J'aurais voulu être footballiste ». Soda s'apitoyait sur mon sort et essayait de m'encourager. D'autres gags nous ont valu de beaux fous rires, notamment lorsque j'ai dû me lancer dans un numéro de claquettes que la chorégraphe Joëlle Maurane, du Ballet Jeunesse, avait tenté de m'enseigner. Elle y avait mis toute sa patience, je ne pense pas l'avoir totalement récompensée de ses efforts... Avec Soda, le courant passait bien. Il n'y a pas 36 recettes pour qu'une émission de télévision réussisse : une bonne dose de professionnalisme et la faculté de laisser transparaître sa vraie personnalité. Jouer, quand on anime ou quand on présente, cela s'impose mais à condition de ne pas se trahir.

VIE PUBLIQUE, VIE PRIVÉE

1990 est une année charnière. Une de plus. Au niveau privé, j'ai dû digérer bon an mal an le décès de mon père puis mon divorce, dans un milieu familial où l'on se demandait si mon métier n'était pas en train de modifier l'homme que j'étais. Qu'il est compliqué de combiner ses activités et ses passions, tout en préservant sa vie privée et en consacrant le temps qu'il faut à sa femme et à ses enfants... Je n'y suis sans doute pas arrivé pendant mon premier mariage. Avec le recul, je peux dire que je me suis laissé emporter par le travail, le succès médiatique, la griserie que peut générer le fait de travailler pour la déesse télévision. J'explosais au niveau professionnel, j'implosais au niveau personnel.

Puis, j'ai rencontré la femme de ma vie et les choses se sont lentement remises en place. À leur juste place. Cécile m'a aidé, au jour le jour, à garder la bonne distance par rapport au milieu médiatique. La télévision n'a pas réussi à me rendre fou, mais je ne peux pas nier avoir de temps en temps senti le vent du boulet. Et si je n'ai jamais été dépassé par mon image de *vedette*, c'est parce que je connais toutes mes failles, toutes mes faiblesses et que le doute a toujours pris le pas sur la suffisance.

RAYMOND LA SCIENCE

En 2021, Raymond Goethals aurait eu 100 ans. À cette occasion, on ressortira les archives, un florilège de ses bons mots, et ce ne sera pas simple : il en a eu beaucoup. Malgré l'affaire de corruption qui a explosé en 1984 concernant le match Standard-Waterschei et qui reste un gros point noir dans sa carrière, j'ai aimé ce *peï* pour sa maîtrise de la science foot mais plus encore pour la faculté qu'il avait de déstabiliser la presse, jamais avare d'un trait d'humour ou d'un éclat de rire. Personne, jamais, ne pourra l'imiter – je veux dire l'égaler.

« Une dernière, Raymond, une dernière question. » Raymond était parti, il quittait la scène, la fumée traînante de sa cigarette s'évanouissait dans la mèche de cheveux – toujours colorée – qu'il remettait inlassablement en place.

Et on se disait, sourire aux lèvres : vivement qu'on le revoie. Obtenir une interview de Raymond Goethals, c'était, pour reprendre la chanson d'Enzo, *Gagné d'avance*. Je me souviens de l'entretien exclusif qu'il m'a accordé en 1993, à Marseille, après la conférence de presse officielle et alors que Marseille venait de mettre la pâtée à Moscou 6-1. À la dernière question posée par un journaliste français (« Pourquoi Casoni était-il sur le banc ? »), il avait répondu : « Casoni sur le banc, fieu ! C'est pas compliqué. Il était sur le banc parce qu'il ne jouait pas. » Éclat de rire général. Goethals à Marseille, en fin de carrière, les gens l'ont aimé comme ils ont aimé les personnages de Pagnol. Raymond, Raimu, même combat. Il adorait cela, Raymond. Il en a joué, il en a remis. Le soir même, à l'hôtel Palm Beach (je vous laisse imaginer comment il prononçait le nom de cet hôtel), on va assister à un grand numéro. On est entre Belges et il enclenche le moulin à paroles, la cigarette au coin des lèvres, cendres tombantes, se passant la main sur le visage plusieurs fois, comme pour effacer la scène précédente qu'il vient de décrire. Il n'y a pas de rides sur son visage. Il a 71 ans, les paroles fusent. « D'abord, ici, tu ne parles pas de Paris. Ils se détestent. » « Tu sais que Denisot m'a contacté, ils voulaient une réponse tout de suite, je n'ai plus envie de me presser. » « Ici, si tu joues la défense, tu n'as plus de voiture quand tu sors du stade. »

Puis, il enclenche sur Tapie, le président du club, qui l'appelle à toutes les heures du jour ou de la nuit en disant qu'il a vu « sur le satellite le successeur de Maradona ». Tapie qui rentre dans le vestiaire à la mi-temps quand ça ne va pas et qui gueule « vous me faites chier ». Tapie, dont Raymond décrit l'appartement parisien : « Je suis allé chez lui à Paris. Inimaginable, tu as peur de t'asseoir sur ses chaises tellement elles sont belles. Style Louis-machin, je ne sais pas quoi... mais une chaise de Tapie, ça vaut tout ton mobilier et le mien avec. » « L'autre jour, je suis allé à *Téléfoot*. La concurrence, Michel ! » Il éclate de rire. « C'est plus de mon âge, je suis parti tôt, je suis rentré tard, ça me fatigue. »

Je lui demande : « On m'a dit que tu avais croisé Alain Delon au restaurant. » Réponse : « Oui, fieu, c'est vrai, c'est lui qui a voulu me saluer. Il voulait serrer la main du sorcier. Tu te rends compte, moi, je pourrais même pas dire le titre d'un de ses films ! »

Pour peu, il resterait là; il achèterait une maison comme Platini à Cassis; il prendrait le bateau sous le soleil pour faire le tour des « calambres ». Voilà qu'après le nom des joueurs (Omleta pour Olmeta, Tzigana pour Tigana), c'est ceux des merveilles de la Méditerranée qu'il estropie. Les calanques, Raymond, les calanques. Goethals, c'est un peu la Castafiore au masculin. Quelques mois plus tard, Marseille gagnera la Ligue des Champions. Un but de Boli. Le sorcier a déjoué le piège milanais. Marseille n'oubliera jamais ce que Paris n'est pas parvenu à faire, mettre une coupe d'Europe des clubs champions dans son armoire à trophées. Grâce à qui ? Grâce à Raymond.

DESTINS NOIRS

Par la force des choses, j'ai croisé la route de nombreux champions aux destins parfois tragiques : Roger Claessen, dont j'ai déjà parlé, Jean-Marc Renard, André Malherbe, Éric Tabarly ou encore Florence Arthaud.

J'ai couvert la boxe à une époque où sa diffusion en télévision était très contestée. Certains jugeaient que cette forme d'« apologie de la violence » n'avait pas sa place sur les écrans. D'autres estimaient que la RTBF restait dans son rôle de service public en diffusant des matches du « noble art ».

En 1984, notre compatriote Jean-Marc Renard atteint le sommet de la boxe européenne. Le 12 avril, il devient champion d'Europe à Naples en écartant son adversaire Alfredo Raininger. J'avais commenté le combat. Renard était un travailleur forcené. Il y avait du Robert Van de Walle chez ce bûcheron de formation. Issu d'un milieu modeste, il affichait cette volonté obsédante d'en sortir et pour y arriver, il avait choisi la boxe, comme son père. Son bilan sportif est impressionnant et rare dans sa catégorie des super-plumes : 40 victoires en 45 combats et 24 victoires par K.-O.

Je me souviens notamment d'un combat qu'il avait gagné à l'arraché, dans une salle un peu glauque du nord de l'Italie. C'était un championnat européen et j'étais le commentateur. J'allais donner à ce combat un large écho avec la retransmission en direct. Inévitablement une relation particulière m'avait lié au boxeur et je m'étais imprégné de son état d'esprit pour enrichir mon commentaire. Après ce combat, il avait le visage tuméfié, mais surtout les mains cassées. Son soigneur lui avait retiré les gants et il ôtait le plus délicatement possible les bandages qui entouraient les mains du boxeur. Plusieurs doigts étaient brisés. Jean-Marc hurlait de douleur. Cette souffrance n'était pas soutenable. Qu'est-ce qui justifie, en effet, que le sport vous fasse vivre un tel supplice ? La boxe est à la fois repoussante et fascinante. On s'installe dans une griserie un peu malsaine, dans le genre du film *On achève bien les chevaux*, qui déclenche des réactions effrayantes de la part du public. En 1989, Jean-Marc Renard est mis K.-O. par le Vénézuélien Esparragoza au 6e round du championnat du monde WBA que je commentais en direct du Palais des Expositions de Namur. Ce sera son dernier combat. Il mettra fin à sa carrière quelques mois plus tard. Jean-Marc Renard était un forçat du sport mais, au bout du compte, blessé aussi par la vie, il se suicidera le 25 août 2008.

Un autre destin qui m'a profondément marqué est celui qu'a connu André Malherbe, trois fois champion du monde de motocross. J'ai eu l'occasion de le rencontrer plusieurs fois dans ma carrière, notamment, mais pas seulement, à l'occasion du Grand Prix de motocross de la Citadelle de Namur. C'était une période glorieuse pour le motocross belge. Les champions succédaient aux champions. Après Roger DeCoster et Joël Robert, sont arrivés André Malherbe, Eric Geboers ou Georges Jobé. Je ne suis pas un fan de moto mais cela n'enlève rien à l'admiration que je porte aux motards sur les circuits de cross ou de vitesse pure. Un jour, André Malherbe m'a mis sur une moto 500cc pour que je partage la sensation de puissance de la machine. J'ai accéléré si maladroitement que l'engin est parti seul en me laissant sur place. André avait beaucoup ri ce jour-là, moi aussi en découvrant les images. André était ce qu'on appelle un beau pilote, un artiste. Il avait un style coulé que tous les spécialistes appréciaient. Dédé avait la classe.

En 1988, André participe au Dakar comme beaucoup de sportifs de renom. Le 6 janvier, sur la piste de Tamanrasset, une saignée lui barre la route. Il sortira tétraplégique de sa chute. Sans son incroyable volonté et le soutien de son ami Jean-Claude Laquaye, il ne serait pas devenu l'homme d'affaires qu'il est aujourd'hui. Il restera toujours un champion d'exception.

Je garde également en mémoire le souvenir d'un autre grand nom, Éric Tabarly, que je rencontre pour la première fois en mai 1987 lorsque Côte d'Or lance un voilier aux couleurs de sa marque dans une course autour du monde par équipage et avec escales. Baudouin Michiels, le patron de cette chocolaterie, était allé chercher ce monument qui avait notamment remporté deux fois la transat en solitaire. Les moments passés avec Tabarly aiguisent le sens de l'humilité. On se sent tout petit devant un homme qui défie les océans, seul aux commandes de son monocoque. Je me souviens particulièrement d'une sortie en mer au large de Saint-Pierre-et-Miquelon, ces îles des territoires français d'outre-mer dans le golfe du Saint-Laurent au sud de Terre-Neuve. L'équipage reprenait la mer après l'arrivée officielle de l'étape, parti de Lorient, pour nous permettre de filmer à bord. Avec Tabarly à la barre, drapeau belge flottant au vent, le monocoque contournait les icebergs et nous offrait des plans somptueux dans lesquels le navigateur français imposait sa silhouette robuste sur fond de cathédrales de glace. Les images captées par le cameraman qui m'accompagnait ce jour-là, Théo Van Gestel, étaient à couper le souffle. Que ce cameraman, qui avait pourtant le mal de mer et était resté assis sur le pont, ait pu rendre ainsi les événements tels que je les ai vus et vécus, c'est presque plus important pour moi qu'une bonne interview.

Une autre fois, dans la course autour du monde par étapes, à Punta del Este sur la côte uruguayenne, Tabarly a précipitamment quitté le petit déjeuner. Nous avons attendu longtemps avec le cadreur et le preneur de son mais le jeu en a valu la chandelle. Tabarly est réapparu, en tenue de jogging, sur la plage déserte, en plein dans l'axe de notre caméra. En passant devant nous, il n'a pu s'empêcher de marmonner : « Décidément, on n'est jamais tranquille. » Une réflexion qui traduisait assez fidèlement sa « disponibilité » pour les médias. Tabarly était non seulement un solitaire, mais aussi un taiseux. Je n'ai, en tout cas, jamais trouvé la clé pour entrer dans son univers. Les seconds de Tabarly souffraient eux aussi de ce manque de communication. Ils devaient deviner les pensées du chef et fonctionnaient à l'instinct, sans bénéficier des conseils qu'ils attendaient pourtant du grand *skeeper*. À la manœuvre, le boss n'indiquait pas ce qu'il fallait faire et il s'exécutait en personne en cas de pépin, ce qui créait des tensions dans l'équipage.

Au mois de juin 1998, le corps d'Éric Tabarly est retrouvé au large du Pays de Galles. Quelques jours plus tôt, il est tombé de nuit, par gros temps, de son bateau fétiche *Pen-Duick*. *L'Express* lui a rendu ce bel hommage en quelques lignes : « Cet homme tout en bloc croisait au large de la vanité. Il ignorait le bavardage et le deuxième degré, les jeux de cours et le goût du pouvoir. Il n'a pas changé d'une miette en prenant des rides. Il n'a pas converti sa célébrité en liquidités. Cet homme qui aimait les bateaux bien plus que la mer (ce n'est pas la même chose) est parti avec son secret. »

Plus tard, avec l'interview de la navigatrice Florence Arthaud, gagnante de la route du Rhum en 1990, c'est un tout autre profil que je vais découvrir et que je vais approcher. Mes clés ouvrent ses portes, la petite fiancée de l'Atlantique se confie, évoque sa fragilité qui révèle toute sa force face aux éléments souvent impitoyables. Elle est plus sensible à son image, à la nécessité de l'exposition médiatique. Un destin également tragique : elle décédera en Argentine dans un accident d'hélicoptère, le 9 mars 2015, alors qu'elle participait à un programme de télé-réalité pour TF1, *Dropped*.

DRÔLE D'HORIZON 97

J'ai vécu beaucoup de choses avec Roger Laboureur. Lancés depuis le Mexique quand les Diables Rouges ont fait exploser nos cœurs, ses « goalgoalgoalgoalgoaaaal » résonnent encore dans nos têtes.

C'était un vrai journaliste, même s'il n'avait pas de formation spécifique. Comme quoi, il ne faut pas nécessairement avoir fait de grandes études en communication pour être une référence dans le métier. Il dévorait les journaux. Il avait le feeling pour aller chercher le bon sujet qui permettait de rebondir de manière originale sur l'actualité. Sa faconde, sa bonhomie, son côté empathique, son sens du bon mot au bon moment ont fait de lui une vraie vedette. Il raconte qu'enfant, on l'appelait le « petit Luc » parce qu'il imitait son idole, Luc Varenne.

Roger a très mal vécu sa prépension imposée à 60 ans lorsqu'un plan baptisé « Horizon 97 » a frappé le personnel de la RTBF dont quelques autres vedettes-maison comme Pierre Delrock,

René Thierry ou Jacques Bredael. Sa sortie a été abrupte. Il n'y avait pas été préparé. Il s'était imaginé terminer sa carrière à 65 ans, après une neuvième Coupe du Monde en France en 1998 et l'Euro 2000, co-organisé par la Belgique et les Pays-Bas. Il a tout fait pour tenter d'infléchir cette mesure mais sans y parvenir.

Avant de partir, Frank Baudoncq, qui commentait depuis quelques années la finale de la Coupe d'Angleterre à Wembley, lui a cédé sa place et Roger a pu y faire ses adieux au foot. À une époque où les téléspectateurs n'étaient pas encore inondés de matches de championnats étrangers ou de compétitions européennes, la finale de la *Cup* était attendue presque religieusement par un très large public. C'est un beau cadeau que Frank lui a fait.

Le départ de Roger en 1995 est resté longtemps douloureux pour lui. Je le vois encore très régulièrement ; il a toujours été de bon conseil et il est resté un téléspectateur attentif. Je ne vivrai forcément pas la même déchirure mais cela rappelle l'évidence d'un équilibre qui impose de ne pas tout miser sur ce métier si particulier. Un métier qui peut ronger celui qui se laisse séduire. Elles sont là, les sirènes. Un métier où l'on est très vite oublié, victime de la loi simple du temps qui passe.

Le rapport à l'image reste compliqué, souvent l'ego risque de déborder. Croiser au large de la vanité... comme Tabarly, garder la bonne distance, se remettre en question. Notre fameuse *belgitude* peut nous y aider, comme l'a rappelé François Tron, l'ex-directeur français des antennes de la RTBF, dans *Le Soir* du 27 septembre 2010 : « Les vedettes de la RTBF sont pour la plupart des gens d'une formidable simplicité, accessibles, qui ont de l'humour et du recul, de l'humilité. Pour ce que j'en sais, c'est la même chose à RTL. Je crois que ce sont simplement les qualités des Belges. » En même temps, une entreprise médiatique ne doit pas perdre de vue qu'une de ses forces passe par la qualité de ses visages et de ses voix. Derrière la rigueur d'une structure et d'une ligne éditoriale, le public a besoin d'identifications, de repères, de figures. Il faut découvrir des talents, les faire mûrir, il faut aussi les mettre en avant. C'est le cas aujourd'hui plus qu'avant et c'est une règle du jeu indispensable. Une tâche compliquée mais nécessaire.

De mon côté, sans Roger, j'étais un peu orphelin ; j'avais perdu mon complice, mon pote, un homme un peu taquin, comme moi, qu'un rien amuse, une âme sensible, un cœur tendre et un comédien de très haut vol. Derrière cette amitié se cachent beaucoup de bons moments partagés, des émotions communes sans aucun fond de rivalité.

J'ai très rapidement obtenu des responsabilités au sein de la rédaction des sports, d'abord sous l'autorité de Jean-Philippe Art, puis d'André Lembrée. Je suis devenu éditeur-coordinateur, au même titre que Frank Baudoncq. Nous avions alternativement en charge, un week-end sur deux, les émissions *Match 1* et *Week-end sportif*. Frank et moi ne sommes jamais parvenus à travailler réellement en équipe. C'était compliqué entre nous. Ce sont des choses qui arrivent dans toutes les rédactions.

C'est pour cette raison que j'ai hésité avant de finalement refuser l'offre de présentation du nouveau journal télévisé de la mi-journée. C'est André Urbain qui m'avait sollicité et c'est François De Brigode qui a présenté le premier 13 Heures en 1996. Deux ans plus tard, François présentait le 19 h 30. Je m'en réjouis pour « le grand » qui, cela dit en passant, n'est pas seulement un homme-tronc mais un très agréable et joyeux compagnon, avec lequel la pipelette que je suis a de quoi partager avec la pipelette au carré qu'il est. Et si l'humoriste Martin Charlier, mieux connu sous le nom de Kiki l'Innocent, maîtrise bien mon personnage dans ses imitations, je ne suis pas loin de posséder le grand François illustré. Nos conciliabules de fin d'après-midi quand il vient subtiliser des chocolats dans notre réserve me manqueront.

En 2001, Frank Baudoncq a pris l'option de changer de vie et de pays pour suivre son épouse en France.

PROFESSEUR À L'IHECS ATTITUDE

De 1990 à 2002, je refais le chemin de l'école mais, cette fois, pour donner cours à l'IHECS. Le directeur de l'établissement, Freddy Laurent, tenait à ce que les professeurs soient d'anciens étudiants et c'est comme ça que j'ai remplacé, à son décès, Raoul Goulard, un grand reporter qui avait été mon professeur et qui avait marqué l'histoire de la télévision, notamment quand, avec son cadreur et son preneur de son, ils avaient été retenus prisonniers deux mois par les Viêt-Cong pendant la guerre du Vietnam.

Je n'ai alors que 35 ans et mon cours s'intitule : « Analyse et réalisation de documents de presse télévisée ». C'est un cours pratique pour les premières et deuxièmes licences – aujourd'hui master. Je peux dire que l'éclectisme qui est le mien, je l'ai aussi puisé dans les différents contacts que j'ai eus avec les étudiants dont les idées, les profils et la jeunesse m'ont enrichi.

La première année, les étudiants travaillaient sur la base d'images brutes, reçues à la RTBF par les agences de presse qui les distribuent sur le réseau Eurovision et proposent plusieurs fois par jour un échange d'images des télévisions européennes publiques. Chaque étudiant recevait aussi l'ensemble des dépêches qui traitaient du même événement. Sur la base de ces éléments, il leur fallait fournir deux minutes prêtes à être diffusées dans un journal télévisé.

Amener les étudiants à réfléchir sur le choix des images, les extraits à intégrer, l'accroche, l'ordre des séquences ou encore la chute de leur reportage constituait un exercice très révélateur. Ce qui m'a fasciné dans cette expérience, c'est qu'avec la même source d'images, les mêmes dépêches, les séquences des étudiants étaient toutes différentes. Un journaliste, en effet, n'est pas l'autre. C'est l'occasion de vous dire que je ne suis pas un fan des séquences « no comment » diffusées par *Euronews*. Elles peuvent amener ceux qui les regardent dans une direction totalement erronée. Je les utilisais toutefois pour inviter les étudiants à me faire part de leur interprétation : sur la base des images brutes, sans commentaires, comment identifier les victimes et les bourreaux, les officiels et les rebelles ? Comment comprendre les causes et les effets ? Comment donner du sens ? Je les faisais aussi travailler sur des portraits qu'ils choisissaient en groupe, l'objectif étant là d'attiser en eux le « goût des gens » pour mieux raconter leur histoire.

Au cours de la deuxième année, je retrouvais les étudiants pendant trois semaines d'affilée. On appelait cela le « cours bloc ». On avait séparé les étudiants en deux groupes, le deuxième étant pris en charge par Jean-Claude Defossé, célèbre notamment pour sa série consacrée aux *Grands Travaux Inutiles*. Tous les deux jours, nous mettions en place un JT de 25 minutes, avec deux assistants totalement acquis à la cause (Pierre Meurisse et Stéphane Lerique), à une époque où les moyens techniques étaient nettement plus rudimentaires.

Toutes les audaces étaient permises : suivre les manifestations en y réalisant de faux directs; proposer des *in situ* face caméra devant le Parlement européen ou en faux direct de la Chambre. On ne s'interdisait rien. Sans carte de presse, j'ai quelques élèves qui se sont retrouvés régulièrement à côté des professionnels des médias, et qui ont même interrogé des ministres qui jouaient le jeu. Vous pouvez imaginer les liens étroits que cela crée à un moment où les étudiants en fin de cycle découvraient les sensations un peu enivrantes de ce métier. Enfin, on gardait les spots allumés dans les studios de l'IHECS pour une dernière soirée festive, avant de clôturer ces deux années de formation pratique.

J'aurais aimé prolonger les contacts avec certains étudiants mais le temps a filé. J'ai dû tourner les pages. Ce ne sont pourtant pas les belles personnalités qui ont manqué.

J'ai cessé de donner cours quand je suis devenu chef de rédaction. Il était impossible de combiner les deux. Donner cours, c'est à la fois enrichissant et épuisant, chaque élève est différent et il mérite un suivi personnel, surtout dans le cadre de ce type de cours axé sur la pratique. Alors, bien sûr, les talents sont variés et variables. Un professeur perçoit assez vite si un étudiant a les capacités de devenir un bon journaliste de presse audiovisuelle mais je tenais à leur apporter à tous un regard éveillé et critique sur la manière de travailler.

Pendant ces douze années, j'ai croisé beaucoup d'étudiants de qualité dont certains d'ailleurs occupent une place en vue à la RTBF ou ailleurs : Florence Hurner, Jonathan Bradfer, Hervé Gilbert, Valérie Dupont, Benjamin Deceuninck, Samuel Grulois, David Bertrand, Véronique Barbier, Mathieu Istace, Christophe Delstanches, Jean-Christophe Willems, François Lizen, Cédric Wauthier, David Wathelet, Quentin Volvert, Michaël Miraglia, Georges Gilkinet…

J'ai aussi constaté que de vrais talents n'ont pas trouvé leur chemin dans le journalisme et cela m'interroge sur la manière dont les entreprises de presse opèrent leur sélection. Mais je connais des jeunes dont la discrétion, la trop grande réserve, le manque de confiance, le repli sur soi les ont écartés du chemin que je croyais tracé.

L'IHECS, c'était l'imagination au pouvoir et cet esprit est toujours présent, même si les étudiants sont de plus en plus nombreux. Une autre caractéristique de cette école tient au sentiment très fort d'appartenance à une communauté. Le collectif s'impose dans l'approche pédagogique où les liens qu'on a créés pendant l'ensemble du parcours ne se délient pas au moment où l'on reçoit le diplôme. Je les ai prolongés avec Françoise, Danou, Brigitte, Joëlle, Carla, Colette, Philippe, Thierry et Jules. IHECS, une marque d'amitié.

UN COMMENTATEUR N'EST PAS L'AUTRE

Aujourd'hui plus qu'hier encore, un journaliste sportif doit faire preuve d'une grande flexibilité dans ses tâches et ses compétences. Désormais, le journaliste doit aussi décliner sa matière en digital et les journalistes de demain, sportifs ou autres, seront numériques ou ne seront pas. La télé et la radio restent la préoccupation centrale des équipes mais le glissement vers le digital – le web, les réseaux sociaux et Auvio pour la RTBF – est inévitable. Aller chercher les publics là où ils sont, les atteindre au travers des nouvelles plateformes en fonction de leur profil, c'est l'objectif de Tarmac, de Tipik désormais (ex-La Deux), et sur ces nouvelles voies, il faudra garder notre marque de fabrique, notre cachet. Un challenge difficile mais une priorité dans la lettre de mission de mon successeur. Ce qu'on ne changera pas, par contre, c'est l'attrait des gens pour les grands événements sportifs. Ce qui les a marqués hier continuera à les marquer demain. Le direct restera l'atout principal du sport. Une référence pour nos auditeurs et téléspectateurs qui les gardent en mémoire comme les commentaires qui y sont associés.

Dans cet art, Roger Laboureur avait un certain talent. Il allait provoquer ce qui faisait vibrer les gens et les remuait habilement dans leurs émotions. Mais la voix la plus lointaine, celle qui a remué les tripes de tous ceux qui l'ont écoutée, c'est celle de Luc Varenne. Luc avait tout compris avant tout le monde. La radio lui aura permis de tout oser : les larmes, les éclats de rire spontanés, les « mon petit, mon petit » à destination d'Eddy Merckx donnaient la chair de poule et remplissaient de bonheur ses chers « zzzauditeurs ». Il était aussi passionnant quand il commentait les matches du Standard, son club de cœur, et c'était à peine voilé.

Dans cet exercice, personne ne lui est arrivé à la cheville. Il était et restera à jamais le maître absolu. On a connu tous les styles après lui et tous les styles se valent pour peu qu'ils vous fassent vivre au mieux l'événement en tant que tel, que ce soit sur les ondes ou sur écran. Chacun, chacune amène sa touche personnelle et, dans ce large éventail dont le niveau s'est élevé au fil du temps, le public a ses préférences.

J'avais donc aussi mon registre. Je n'ai jamais été réellement remis en cause sur ce point mais trouver le ton juste n'était pas évident. À refaire, je prendrais sans doute une autre voie. Dans le métier de journaliste sportif, la diversité des tâches est large : commentaire en direct, présentation, interview, reportage long et court. Il est impossible que tous nous maîtrisions l'ensemble de ces fonctions à la perfection.

À l'occasion de mes premiers commentaires en direct, je résistais à faire transparaître mes états d'âme. De la pudeur, oui, mais sans doute un attachement excessif et très théorique à la noblesse de la tâche journalistique et à la rigueur qui y est liée. Il faut mettre cela dans la perspective de mon premier commentaire en direct, un flop monumental. C'était un match de Coupe de Belgique disputé au stade vélodrome de Rocourt entre Liège et Seraing. Excité comme une puce, je m'étais cru dans une finale de Coupe du Monde et je n'ai jamais oublié le débriefing de Marc Jeuniau, concis mais assez clair : « Ce n'était pas mauvais, c'était très mauvais, mais tu recommences la semaine prochaine. » J'ai saisi la seconde chance en étant, cela dit, un peu refroidi. Je vous avoue que je n'oserais pas réécouter cette prestation. Fort heureusement, elle a disparu des archives.

Frank Baudoncq, lui, marquera d'un sceau indélébile l'histoire des commentateurs sportifs. Le 15 juin 1986 à Leon lors du match URSS-Belgique, il s'est libéré de ses encyclopédies intérieures et a trouvé un style qui touchera définitivement le public. Match d'anthologie, commentaire d'anthologie. La tonalité, l'accélération de la voix, l'empathie, l'humour : il a réussi à doser correctement tous ces ingrédients dans un exercice historique qui a donné des frissons à tous les Belges si fiers de voir les Diables Rouges s'imposer 4-3 au terme des prolongations. Ceux qui ont suivi ce match en direct ne l'oublieront jamais, comme ils n'oublieront pas les commentaires de Roger en quarts de finale contre l'Espagne, battue finalement après la séance des tirs aux buts et le tir victorieux de Léo Van Der Elst.

ZIDANE : « JE VOUS CONNAIS »

Pour marquer les esprits, il faut aussi un brin de chance et être là au bon moment. On établit une sélection à la base et une répartition des matches au niveau de la rédaction, mais dans une grande compétition, ces désignations suivent un critère géographique. Le hasard de la compétition fait le reste. En 1990, c'est l'Italie qui accueille la Coupe du Monde et je suis sur place. C'est mon deuxième grand événement pour lequel je fais les commentaires en direct, après les championnats d'Europe en Allemagne en 1988. C'est aussi mon premier match avec les Diables Rouges contre l'Uruguay. Victoire brillante et sans bavures : 3-1. Buts de Clijsters, Scifo, Ceulemans : rien que du bonheur ! Cette équipe-là était plus forte que celle de 1986. À Bologne, Frank commente le huitième de finale Angleterre-Belgique. Roger sait que si les Belges passent, c'est lui qui assurera le commentaire du match suivant. Le but de David Platt tombé de nulle part contre la logique du jeu, après un coup franc pour une faute inexistante à la toute fin des prolongations, élimine la Belgique. Un grand commentaire peut aussi passer par un grand silence, un silence de trente secondes dans lequel Frank a plongé les téléspectateurs après ce but; pas un mot sur les ralentis de ce coup de poignard dans notre destin italien. Puis, ces trois mots : « C'est injuste. » Avec Roger, nous avons longtemps traîné notre dépit dans les rues de Vérone où chahutaient les Anglais.

Dans mes souvenirs de commentaires des Diables, je note aussi celui de la dernière rencontre des Belges à l'Euro 2000. Après avoir battu la Suède 2-1 et essuyé une défaite logique contre l'Italie 0-2, les Belges rencontrent les Turcs. J'ai fait preuve, dans le ton, d'une certaine suffisance, convaincu que l'équipe de Robert Waseige allait facilement passer le cap. Une grosse bourde de notre gardien Filip De Wilde a changé la donne. Comme tous les Belges, je suis tombé de haut.

Dans cette compétition, j'ai vécu un moment plus amusant lorsque Zinédine Zidane s'est arrêté devant notre caméra dans la zone d'interview, ce qu'on appelle la *mixed zone*, un chemin sinueux emprunté par les joueurs et au bord duquel se placent les journalistes qui tendent leur micro en espérant recueillir quelques mots après les entraînements ou les rencontres, un lieu en général très agité où les stars ne font souvent que passer sans s'arrêter près des télévisions et radio étrangères. Mais ce jour-là, quand j'appelle Zidane, il s'arrête ! Je m'en étonne. « Ah je vous connais; on vous regarde tous les soirs à l'hôtel ! » L'équipe de France avait en effet établi ses quartiers à Genval et, le soir, les tricolores suivaient le magazine foot de la RTBF !

LA SOLITUDE DU COMMENTATEUR

À la veille d'un grand événement comme une Coupe du Monde ou un Championnat d'Europe, j'ai souvent répété à mon équipe la nécessité d'être dans le match, de laisser respirer la partie et le public, de profiter de l'ambiance qui s'installe. Je ne suis clairement pas partisan d'un commentateur ou d'une commentatrice qui parle sans arrêt et qui ainsi s'éloigne de la partie. Tout le monde sait que le ballon est rond et que la pelouse est verte. J'ai essayé de faire comprendre combien c'était important de parfois laisser tomber ses fiches, ses statistiques ou ses anecdotes pour ne pas perdre le fil du match ou de la course.

Dans le cyclisme, Rodrigo Beenkens reste inégalé et, dans cet exercice spécifique, je n'ai pas entendu un commentateur francophone capable de rivaliser avec lui. Vous voulez un exemple ? En 1999, je l'avais retrouvé à l'arrivée d'une étape du Tour de France dans sa cabine de commentateur. C'était à l'occasion de la 17e étape Mourenx/Bordeaux, remportée après un sprint agité par notre compatriote Tom Steels. Rodrigo avait réussi la prouesse de donner en direct et dans l'ordre le nom des 14 premiers coureurs ! Une vocation de commentateur qui est née très tôt chez lui, comme il l'a expliqué sur le site web de la RTBF : « Mes premiers commentaires, je les faisais tout seul dans ma chambre avec mon Subbuteo (ancêtre de la Play Station) et dans la cour de récréation (...) mais, pour la RTBF, je n'oublierai jamais ce 7 juin 1986. En plein blocus, je suis cloîtré dans ma chambre lorsque mon papa ouvre brusquement la porte et me lance au visage : «C'est Michel Lecomte au téléphone. Il demande si tu peux te rendre le plus vite possible à la RTBF pour donner ton avis sur le match Portugal-Pologne.» Michel Lecomte ? Mais il ne me connaît pas, je ne l'ai jamais rencontré et je ne lui ai jamais parlé de ma vie. C'est une blague ? Je descends les escaliers trois marches à la fois, je m'empare du téléphone et je reconnais en effet la voix de Michel. Il n'a pas de temps à perdre. Il vient d'apprendre le désistement tardif de Henri Depireux qui entraîne alors le club portugais de Belenenses et qui était invité à la fameuse émission *Mexigoal*. Il faut trouver une solution et vite. Est-ce que je peux le remplacer ? Je comprendrai plus tard que si Lecomte m'avait téléphoné chez moi à La

Plante (entre Namur et Wépion), là où il habite aujourd'hui (cela ne s'invente pas !), c'est parce qu'il avait été tuyauté par Depireux dont j'avais fait l'interview (par téléphone) quelques semaines plus tôt pour le journal *O Jogo*, un quotidien sportif de Porto auquel je collaborais depuis un an. Je n'avais manifestement pas dû lui laisser une trop mauvaise impression s'il m'avait recommandé à Michel. Je n'hésite pas longtemps. Allez on fonce ! (...) Deux ans plus tard, après avoir réussi mon examen d'entrée au boulevard Reyers, Michel me prendra dans son équipe dans l'émission qu'il animait sur les Jeux olympiques.»

Il faut évidemment se documenter pour connaître les acteurs et le contexte mais, au moment du direct, il faut d'abord être en phase avec ce qui se passe à l'image. On n'est pas là pour donner une leçon de football, de tennis ou de basket ni pour témoigner d'une connaissance encyclopédique, même s'il est indispensable de connaître son sujet pour faire part de la bonne référence, de la bonne info au bon moment. Gaëtan Vigneron en F1, Pierre Robert en basket ou moto GP, Pierre Deprez en foot et natation, Vincent Langendries en foot et athlétisme, Benjamin Deceuninck et Laurent Bruwier en tennis... ont assuré cette tâche avec brio eux aussi. D'autres voix resteront dans vos oreilles, celles de mes commentateurs de direct toujours "au poste" : Thierry Luthers, Frank Peterkenne, Manu Jous, Hervé Gilbert, David Houdret, Pascal Scime, Samuel Grulois, Eby Brouzakis, Érik Libois. Faire vivre l'événement, être un relais de l'ambiance, donner des pistes d'explication avant que les analystes présents en studio peaufinent les pistes entamées. Trop de documentation peut étouffer l'enthousiasme, la spontanéité et la vigilance quand on travaille pour une chaîne généraliste. Il ne faut pas pour autant tomber dans l'emphase ou inventer un spectacle qui n'existe pas. De toute façon, le public – de plus en plus connaisseur par ailleurs – n'admettrait pas ce décalage.

Donner la bonne information au bon moment, en apportant une attention prioritaire à ce qui se passe – à l'évolution du match, aux failles possibles, à la méforme de certains –, lancer quelques pistes sur ce qui pourrait arriver dans le scénario : c'est ça, le challenge. Après, chacun doit par ailleurs imposer son style; l'équation n'est pas simple. En radio, la démarche est tout autre : comme il n'est pas possible de laisser parler l'image, il faut expliquer, meubler, ne jamais lâcher l'auditeur qui, par ailleurs, en vous écoutant, se fait son film et y ajoute ses couleurs.

Commenter un match tout seul à l'autre bout du monde est encore un autre exercice de style, tout aussi périlleux. De la même manière qu'existe la solitude du footballeur au moment du pénalty, existe aussi la grande solitude du commentateur au moment du direct. Si relié et en même temps si seul... On sort de là vidé et plein de doutes. On est tous dans le même état. J'ai vécu cette expérience au Japon mais tous mes collègues peuvent en parler. En tant que rédacteur en chef, j'essaie de donner du retour positif aux commentateurs, en contact téléphonique direct ou par courriel ou SMS. C'est très important. En suivant les retransmissions, on peut corriger le tir si nécessaire et plus tôt on le fait dans la compétition, mieux c'est.

HISTOIRES DE PÉNALTY

Le 17 juin 2002, à Kobe (Japon), je commente le match Brésil-Belgique. Battue 2-0, la Belgique a pourtant livré une rencontre de haut niveau. Manifestement, le Brésil, ça inspire. Un classique David contre Goliath. Un but de Marc Wilmots a été annulé à la 35e minute alors que le score était de 0-0, pour une faute assez discutable, pour ne pas dire imaginaire. Mais au moment du coup de sifflet de l'arbitre Peter Prendergast, je reste mesuré dans mes commentaires. J'ai encore à l'esprit ce pénalty non sifflé sur Josip Weber à l'occasion du match Allemagne-Belgique pendant la Coupe du Monde 1994 aux États-Unis. Dans ses commentaires, Frank Baudoncq n'avait pas mâché ses mots pour critiquer la prestation de l'arbitre Kurt Röthlisberger. Le score était de 3-2 et il restait 20 minutes. Il y avait clairement pénalty mais Frank avait, ce jour-là, perdu une partie de son sang-froid. Assez écœuré par ce qui paraissait être un parti pris destiné à protéger la grande Allemagne, il s'était étonné que la FIFA ait pu désigner un arbitre suisse-allemand pour arbitrer un match de Coupe du Monde impliquant l'équipe d'Allemagne.

Parfois, les enjeux nous dépassent, sans qu'on en prenne conscience. Un commentateur a le droit de s'émouvoir, de trouver la décision arbitrale totalement injuste mais il convient de garder la réserve nécessaire pour éviter de déchaîner les rancœurs. Dans ce cas-là, il faut juste mordre sur sa chique et intégrer tout de suite cette attitude face au micro. Les commentaires de Frank avaient suscité un débat très animé et les courriers reçus à la RTBF avaient créé ce que l'on appellerait aujourd'hui un « buzz ». Avec le but annulé de Wilmots, je me suis retrouvé dans la même situation, partagé entre un sentiment de profonde injustice (« *c'est todi les ptits qu'on sprotche* ») et la volonté de ne pas mettre de l'huile sur le feu. L'arbitre était jamaïcain et certains lui ont reproché plus tard ses attaches sud-américaines et une possible collusion. Au nom des passions négatives que cela peut susciter, je me suis refusé à monter en épingle ce fait de match et d'accuser l'arbitre de tous les maux.

À un degré encore plus critiquable, on se souvient du tristement célèbre « Alors là, monsieur Foote, vous êtes un salaud », lancé par Thierry Roland sur TF1 dans un Bulgarie-France de la Coupe du Monde 1978. C'est le même qui s'est étonné qu'on puisse confier un quart de finale de Coupe du Monde à un arbitre tunisien, juste après le but de la main (de Dieu) inscrit par Diego Maradona face aux Anglais en 1986. La passion du direct ne peut jamais justifier l'injure ou le racisme.

Nous avons aussi une responsabilité vis-à-vis de notre public et des supporters, qui n'ont pas besoin qu'on avive la haine ou la rage. Je sais de quoi je parle. Je suis un fervent supporter de l'équipe d'Arquet, dont je suis d'ailleurs devenu le vice-président il y a quelques années. Ce club de deuxième provinciale namuroise est réputé pour la qualité de la formation de son école de jeunes. Au bord du terrain, il m'est arrivé de perdre mon sang-froid et de faire des remarques totalement déplacées à l'adresse de certains arbitres. Ce sont des moments de faiblesse dont je ne suis pas fier et qui, quelles que soient les circonstances, restent inacceptables.

NON, PAS « À MORT L'ARBITRE »

Dans un très beau documentaire intitulé *À mort l'arbitre*, mon collègue Yves Hinant a fustigé les débordements parfois inacceptables que doivent subir les arbitres. Lors de l'Euro 2008, Yves a suivi cinq arbitres, dont l'Anglais Howard Webb qui s'est trouvé au cœur d'une tempête lors du match Pologne-Autriche. Il avait accordé aux Polonais un but entaché d'un hors-jeu et, surtout, sifflé un pénalty pour les Autrichiens, leur permettant d'égaliser en toute fin de rencontre. Le Premier ministre polonais affirmera « avoir eu des envies de meurtre en regardant le match ». Sanctionné par la FIFA, Webb ne sifflera plus de match pendant le tournoi.

Le débat sur l'arbitrage est complexe et il faut se garder de critiquer les arbitres trop vite, même lorsque l'erreur paraît énorme. L'évidence est souvent relative, la réalité de l'action fonction de l'angle et de la prise de vue. J'ai une anecdote édifiante à ce propos. Cela se passe lors de la Coupe du Monde de 1998 à Marseille, dans un match de premier tour entre la Norvège et le Brésil. L'arbitre siffle un pénalty pour les Norvégiens qui s'imposent 2-1 et se qualifient, avec le Brésil, pour les huitièmes de finale. Je fais le commentaire et j'ai le sentiment d'avoir vu le défenseur brésilien retenir le joueur norvégien par le maillot. J'hésite. Je plonge dans les images, de ralenti en ralenti, d'un angle à l'autre. Mon doute s'efface : aucune des 12 caméras qui assurent le direct n'a la moindre preuve en image de la faute. J'en conclus donc qu'il n'y a pas de pénalty. Déjà à l'époque, je suis de ceux qui pensent que la vidéo doit seconder l'arbitrage mais, ce jour-là, les caméras officielles ne l'auraient pas vraiment aidé. Deux jours plus tard, des images prises par la caméra légère d'une équipe de télévision suédoise placée derrière le but montrent clairement le tirage de maillot. Le journal *L'Équipe* publie cette photo en gros plan. L'arbitre avait raison. L'image avait tort ou, plutôt, les images disponibles à un moment donné avaient tort. Une image n'a pas toujours raison parce qu'elle donne de la réalité une vision anglée, partielle, parfois magistrale, parfois partiale. Selon la prise de vue, elle peut montrer ou non cette part de réalité qui témoigne d'une phase de jeu, d'un instant, d'un instantané. Douze ans plus tard, le VAR, Video Assistance Referee, s'est imposé en effaçant beaucoup de polémiques mais gardons à l'esprit qu'il ne pourra jamais éviter tous les doutes sur la vérité d'une action, ni sur les potentielles collusions ou magouilles.

Avec ou sans vidéo, les hommes et les femmes qui prennent encore cette lourde responsabilité d'arbitrer – et ils sont de moins en moins nombreux – doivent être protégés et soutenus, et davantage encore en matches de divisions inférieures où la vidéo n'est pas là pour les aider. Sans arbitre, il n'y a pas de football.

KOBE, THE DAY AFTER

En juin 2002, je m'envole pour le Japon qui organise la Coupe du Monde avec la Corée du Sud. À Bruxelles, c'est Marc Delire qui présente l'émission *Saké soirée*. Un grand moment de solitude m'attend à Niigata. Le bureau de la FIFA est fermé, reste un bus rempli de personnes âgées qui revenaient sans doute d'un long voyage. Je suis le dernier à entrer dans le bus et, en montant, je heurte le plafond. Tous les Japonais se mettent à rire, la main devant la bouche, et regardent ce grand blond prendre place au fond du bus. D'emblée, je fais sauter un cliché, celui de l'austérité d'un peuple que je connaissais si mal.

Plus tard, dans le centre-ville où le bus m'a déposé, je cherche mon l'hôtel et trois Japonais apparemment bien intentionnés m'indiquent l'un après l'autre à chaque fois une mauvaise direction. Je trébuche sur une autre réalité nippone : l'impossibilité pour un Japonais de dire : « je ne sais pas » ou « je ne connais pas ». C'est un vendredi soir et ils sont tous bien entamés. Ils rentrent du boulot, vacillants, attaché-case en main. C'est à peu de chose près ma première vision du Japon. Comme d'habitude en fin de semaine paraît-il, le saké a dû couler à flots. Arrivé épuisé dans la chambre minuscule de l'hôtel, je me rassure avec l'inébranlable conviction que je fais un métier formidable.

Très vite, je quitte la chambre pour le restaurant d'en bas. Les photos des plats proposés ne sont pas très engageantes mais j'avoue que la cuisine japonaise va vite me réconforter. Pendant ces longs voyages qui peuvent durer cinq semaines, bien manger aide à garder le moral, comme les deux ou trois premiers sakés que je partage avec le cuisinier. Dans ce genre de situation, la débrouille et le hasard finissent par créer la magie de la rencontre et du souvenir. Heureusement, j'ai pris avec moi quelques livres et quelques CD de chansons françaises qui me permettent de supporter la distance et le temps. Ils m'aident à tenir les 35 jours de mon *voyage*. Et puis, j'ai mon ordinateur portable qui me permet de rester en contact avec Reyers et ma famille.

La Belgique joue son premier match contre le Japon, à Saitama, le 4 juin. La veille, la presse suit comme à l'habitude l'entraînement des Belges et je retrouve un Robert Waseige guilleret, malgré les polémiques lancées par la presse flamande. Il me met un peu mal à l'aise en venant me saluer au bord du terrain dans le groupe de journalistes présents. L'occasion, il adore ça, de faire un peu de dérision : « J'ai l'équipe, tu la veux ? » Bien sûr que je la voulais, cette *compo*, tout le monde la voulait ! Je réponds que je n'ai pas de quoi noter. Sourires.

Dans le journal *Vers L'Avenir*, j'écris chaque jour un article. J'essaie d'apporter un regard un peu décalé par rapport à la réalité purement footballistique. Lorsque les Diables Rouges sont éliminés à Kobe par les Brésiliens en huitième de finale, mon article rend hommage à Marc Wilmots qui mettait fin à sa carrière internationale. Le Ronaldo de Dongelberg aura été pour moi l'homme du match, en ayant réussi, sans complexe, à mettre en avant les vraies qualités de notre petit pays.

Le lendemain, j'écris à propos du drame de Kobe, le seul vrai drame, celui du tremblement de terre survenu en 1995, le texte suivant : « Au Wing Stadium, où le Brésil nous a coupé les ailes, la Coupe du Monde est terminée. Le dernier match des Belges était aussi le dernier qu'accueillait la ville portuaire. Hier, on a fermé les portes, et tous les bénévoles ont fait la fête. L'enceinte de Kobe va être le théâtre aujourd'hui d'une remise de maillots symbolique à une délégation de la fédération afghane dans le cadre de la journée mondiale du football pour enfants décrétée par la FIFA. Cette journée sera d'ailleurs fêtée dans toutes les villes du Mondial. Le football pour aider les jeunes à sortir de la guerre et de sa logique destructrice... La destruction, Kobe l'a connue. C'était il y a peu, le 17 janvier 1995, à 5 heures

46 du matin. Un tremblement de terre qui a fait 6400 victimes et dont l'épicentre, situé à 15 kilomètres de la côte, a mis la ville sens dessus dessous. J'ai visité hier le Mémorial érigé par la préfecture de Hyogo. Face à l'océan, un immeuble de verre aux lignes pures qui renvoie aux éléments la réponse des hommes. Elle tient tout entière dans les sept étages du bâtiment à l'entrée duquel vous reçoivent des bénévoles, une fonction à laquelle les Japonais donnent encore beaucoup de valeur. Dès cet instant, on est plongé dans le drame qu'ont vécu ces gens tous touchés, de plus ou moins près, par ce qui est arrivé ce matin-là à l'heure où, doucement, la ville s'éveillait. Ils ont tous perdu des proches et mon guide, qui porte un joli nom – elle s'appelle Ami –, évoque la disparition du fils de sa collègue de travail. Il avait 16 ans. Le Mémorial, qui a ouvert ses portes en avril, situe de façon très réaliste l'ampleur de la catastrophe au moyen des techniques les plus modernes, mais il emploie aussi des chercheurs qui travaillent à en réduire les dommages dans un pays très menacé par les tremblements de terre. En sortant, une stèle, déposée sur une pièce d'eau, aligne la longue liste des victimes. On quitte l'endroit bouleversé. Bien plus qu'on ne peut être atteint par une élimination en Coupe du Monde. C'était mon lendemain à Kobe. Un lendemain pour remettre les choses en place.»

La Coupe du Monde 2002 est le dernier grand événement que je commente sur place en direct. Une année plus tard, je suis désigné chef de la rédaction des sports. Je chapeauterai celle-ci en télévision, puis en radio et enfin s'ajoutera l'équipe Internet. Pour moi, l'antenne, c'est fini – enfin, c'est ce que je croyais. Un autre métier commence, qui englobe aussi la négociation des contrats et des droits sportifs.

LA MERCEDES DE BERNIE

Au tout début de mon mandat, en 2004, je me rends à Londres en compagnie de Jean-Paul Philippot et de Gaëtan Vigneron pour discuter la reconduction du contrat de Formule 1. On arrive dans un bureau assez insignifiant et je remarque, devant la fenêtre, une sculpture très laide en plâtre creux, représentant un plateau et des liasses de dollars. Elle situe bien le contexte dans lequel on se trouve. Au cours de la discussion, Bernie Ecclestone nous dit : « Quand je vais avec ma Mercedes au garage et que je suis très satisfait de mon garagiste, je ne change pas de garage. »

C'était une forme de compliment mais ne soyons pas naïfs : le prix reste évidemment le seul critère d'attribution d'un contrat, quel qu'il soit. Seule compte l'offre finale sonnante et trébuchante ; tout le reste, et aucun sport ne fait exception à la règle, c'est du blabla, de la gomina, dirait Souchon. Bien sûr, ils vous disent tous que vous faites un boulot exceptionnel, que la qualité du travail des équipes de la RTBF est une plus-value et qu'elle n'a pas son pareil. Ils répètent qu'ils n'ont pas envie de changer de garage, mais au final, c'est « par ici la monnaie ». Moi qui avais cru au début – pas longtemps, rassurez-vous – que la qualité de la production, de la couverture éditoriale et des moyens investis pour mettre un produit en valeur avait au moins une « petite » incidence...

La RTBF a conservé le contrat et expose toujours la F1, commentée depuis plus de 500 Grands Prix et sans discontinuer par Gaëtan qui est une vraie référence dans le sport automobile. La Formule 1 reste un produit phare pour la RTBF, qui continue de passionner les amateurs, et les nouveaux patrons de la F1 ont montré l'exemple en termes de spectacle télé en adaptant parfaitement leur produit au huis clos pendant la crise du Covid-19.

Cependant, dans cette discipline comme dans d'autres, la RTBF doit souvent faire face à la concurrence des chaînes françaises dont la présence, et la diffusion simultanée qui en découle sur toutes les chaînes ayant acquis les droits, affecte le caractère exclusif de ses contrats. Ce fut le cas pour la Formule 1 avec TF1 dans le passé, et c'est encore le cas aujourd'hui pour le Tour de France, Roland-Garros, les JO, l'Euro, la Coupe du Monde ou les championnats du monde d'athlétisme. Le marché de la Fédération Wallonie-Bruxelles est un marché où, en fait, il n'y a pas de vraie exclusivité : lorsque la RTBF acquiert des droits de diffusion, même exclusifs, elle doit subir, via le câble, la présence des chaînes françaises, sans parler des autres chaînes étrangères mais qui n'ont évidemment pas l'atout de la langue. Internet ne fait que renforcer ce mouvement d'érosion des droits de diffusion, pourtant chèrement acquis par la RTBF. Un simple clic sur *Youtube* et, pour peu que l'organisateur de l'événement n'ait pas réagi à temps, la vidéo du but du jour fait le tour du monde. On souffre, qu'on le veuille ou non, de cette rude mise en concurrence. Mais, malgré des moyens humains, techniques et financiers moindres, nous sortons de ces confrontations d'écrans, sans prétention, largement vainqueurs à l'audimat. Pour ne citer qu'un exemple, l'étape la plus suivie du Tour de France 2020 a fait 36,5 % de parts de marché et 430 436 spectateurs sur la RTBF, contre 11,7 % et 75 365 sur France Télévisions.

À ce jeu, l'ancrage belge est notre premier atout, la crispation de notre public face au chauvinisme exacerbé de nos collègues français en est un autre. Mais ces paramètres n'auraient pas cours si nos commentateurs ne tenaient pas à ce point la distance. Encore deux chiffres pour étayer mon propos : le match Belgique-France en demi-finale de la Coupe du Monde 2018 a fait 83,4% de parts de marché et 1 646 213 spectateurs sur la Une, contre 4,8% et 95 219 sur TF1; la finale France-Croatie, 69% de parts de marché (891 727 spectateurs) sur la Une et 11,6% (149 653) sur TF1.

2005 : LE DÉPART DE MARC DELIRE

Il y a des coups de fil qu'on n'oublie pas. Celui de Marc Delire m'annonçant son départ à Belgacom (devenu Proximus) en juillet 2005, par exemple. Belgacom venait d'obtenir pour la première fois les droits du championnat de foot belge, au nez et à la barbe de Canal+ (Be tv) et l'opérateur historique de télécommunication lui a fait les yeux doux, en lui proposant un beau challenge et en réussissant par la même occasion un superbe coup de com' pour le lancement de sa toute nouvelle chaîne *11* dédiée au foot.

Marc est un des piliers de la rédaction, non seulement la première voix du foot mais aussi un « animateur » permanent de l'équipe. C'est une grande gueule mais qui a un vrai sens du collectif. L'ego, il est présent chez tous ceux qui ont choisi de faire ce métier, et c'est normal ; le sens collectif l'est moins. Il est donc très apprécié par un chef de rédaction. Ce transfert d'un de mes leaders, c'est une grande claque, et je ne l'ai pas vu venir. Je mettrai du temps à digérer cette perte et à méditer sur ce cliché : personne n'est irremplaçable.

Mais à quelque chose malheur est bon car, ironie de l'histoire, sans ce départ, Benjamin Deceuninck n'aurait pas été désigné à la présentation de *Studio 1 La Tribune* – une place qui serait normalement revenue à... Marc Delire ! Benjamin n'aurait peut-être pas connu le même épanouissement et moi, je n'aurais pas vécu tous ces bons moments qui ont égrené les 15 dernières années de ma carrière...

STUDIO 1

En 2005, dans les offres de la Pro League, il y a un nouveau lot et une nouvelle émission : un magazine le lundi soir, qui permet à la RTBF et à la VRT du côté flamand de revenir sur la journée de championnat de football dans un nouvel horaire. Je lance Benjamin Deceuninck dans le grand bain de la présentation pour la première mouture de cette émission qui s'intitulait à l'époque *Studio 1* – et qui deviendra plus tard *La Tribune*. L'émission était diffusée après 22 h et elle durait 26 minutes. On n'en avait pas fait une priorité dans nos rendez-vous foot.

Dans cette première configuration, il est seul à la présentation et connaît des moments difficiles, un soir face à Albert Cartier, à l'époque entraîneur du FC Brussels. Le Français va bousculer notre présentateur sur la base d'images « malheureuses » de... vaches auxquelles Albert Cartier a cru qu'on avait comparé ses joueurs. Ce n'était pas le cas. Il a sans doute un peu profité de l'expérience encore naissante de notre présentateur.

Après ces grands moments de solitude pour Benjamin, nous avons revu le format de l'émission et, en février 2006, je prends les rênes de la présentation – moi qui pensais ne plus faire d'antenne. Ma présence et mon expérience semblaient une garantie donnée au monde du foot. C'était l'occasion de montrer que la RTBF voulait étoffer ce programme du lundi soir. Nous avons dès lors développé le casting et une répartition claire des rôles en studio. Je deviens une sorte de chef d'orchestre qui, sans prendre toute la lumière, distribue le jeu en comptant sur les qualités des uns et des autres. Sur le plateau, les ressources sont riches et variées pour permettre à tous d'expliquer ce qui s'est passé le week-end. Tous les tiroirs sont à ma disposition ; à moi de les ouvrir et les fermer au bon moment. *Studio 1* a pris une autre tournure avec davantage de rubriques, différents intervenants, journalistes et chroniqueurs, le tout en développant cette volonté d'impertinence dans le ton, déjà présente à l'origine de l'émission, mais en se donnant les moyens de mieux y arriver.

Dans le même esprit qu'un programme comme *Mexigoal*, nous avions envie de sortir du moule un peu rigide dans lequel le « grand public » plaçait la RTBF. L'humour et la critique acerbe avaient quelquefois envahi les écrans français avec des personnalités comme Ardisson, Delarue, Fogiel, Gerra, Ruquier, Carlier, Canteloup ou Guillon. Il fallait nous adapter. Je pense qu'on a pas mal réussi et que le défi de demain sera de garder cette ligne. Trop de foot tue le foot le lundi soir.

En fin de compte, je pense que j'ai voulu aussi casser l'image du Lecomte « propre sur lui ». Ceux qui me connaissent savent que l'humour est un trait de ma personnalité mais que mon sens de la mesure a parfois pris le dessus et ainsi éclipsé mon attachement à la dérision.

Avec le recul, le reformatage de l'émission a été une bonne solution. Benjamin a pu s'aguerrir, affiner son style et grandir avec moins de pression. Vous vous souvenez de sa position un peu décalée, au propre comme au figuré ? Du haut de son perchoir, il a dirigé avec maestria ses billets ou ses interviews sous la forme du *Que oui que non* ; et son duo avec Marcel Javaux était parfait.

Studio 1 La Tribune est une émission particulière dans le paysage audiovisuel de la Communauté française. Depuis 2006, le principe a été de jouer la liberté de parole : tout le monde a la possibilité de donner son point de vue. L'émission fait le pari audacieux de mêler expertise, divertissement et impertinence. Au début, le milieu du foot belge a été perturbé par ce format. Il a fallu un certain temps avant qu'on comprenne notre démarche.

Studio 1 La Tribune, au final, c'est comme la descente d'un rapide, avec des eaux parfois plus impétueuses que d'autres. L'émission permet de jauger la timidité, la réserve, la verve, voire la férocité de l'invité, en lui donnant le temps de s'exprimer. Avec parfois des accrochages liés à la loi du genre. Les invités de l'émission font généralement partie de la bulle « football » et ils essaient de protéger leurs intérêts, face aux téléspectateurs qui sont aussi leur public. À nous de maintenir le cap avec habileté et un seul objectif en tête : informer le public et lui apporter du plaisir.

Il ne faut pas nier cependant que cette émission a généré des tensions qui ont pu miner certains enthousiasmes. *Studio 1* a été la cible d'attaques à géométrie variable, en studio ou en dehors, et celles-ci ne viennent pas toutes du même côté au même moment. Et alors qu'un simple coup de fil pouvait auparavant arranger les affaires, les intérêts en jeu se sont multipliés avec les années, comme se sont exacerbés les susceptibilités et les ego des uns et des autres. Même une émission comme *Studio 1* a suscité des plaintes d'avocats et des demandes de droit de réponse qui, normalement, n'affectent que les JT ou des programmes d'investigation journalistique comme *Au nom de la loi*, *Questions à la Une* ou *#Investigation*. Et à l'heure de la communication contrôlée, il faut passer par des services de presse qui jouent le rôle de pare-feu.

Cet espace de liberté ne signifie pas l'anarchie. On peut juger les hommes sur ce qu'ils font, pas sur ce qu'ils sont. Je dois reconnaître qu'il y a eu des « dérapages » et j'ai dû parfois distribuer quelques cartons rouges. Mais trop souvent, même si cette époque-là est révolue, on nous a condamnés pour 20 secondes d'une déclaration forte sur une émission de deux heures. Or, on ne peut juger une émission que sur l'ensemble d'une saison, comme on ne juge pas un joueur, un entraîneur ou un dirigeant sur une phase de jeu ou une décision ponctuelle mais sur l'ensemble d'une carrière. Même si on peut parfois penser que telle émission ou partie d'émission est tantôt plus « rouge », tantôt plus « mauve » ou pas assez « zèbre », notre but a toujours été de tendre vers l'objectivité. Beaucoup d'énergie a ainsi été dépensée pour convaincre les acteurs de nous rejoindre en studio et d'y défendre leur point de vue. Sur le plateau de *La Tribune*, on a toujours le temps d'entrer dans les détails, ce qui est un luxe rare de nos jours.

CONCEIÇAO OU ZETTERBERG ? ANGE OU DÉMON ?

Quand il y a des critiques, c'est généralement moi qui dois les assumer. Voici un exemple tout bête, révélateur de la difficulté de faire une émission en direct et de maîtriser tous les paramètres pour éviter les malentendus. En mars 2006, nous souhaitons que Sergio Conceiçao vienne dans *Studio 1*. Il est poursuivi par la Fédération pour avoir jeté son maillot en direction de l'arbitre Vervecken, lors du match de Coupe entre le Standard et Zulte Waregem. Depuis le matin, j'ai entamé les discussions avec le Standard pour que le joueur soit notre invité. Mais les choses ne tournent pas comme je l'espérais et, en fin d'après-midi, convaincu que Conceiçao ne viendra pas, nous contactons Zetterberg. C'était une époque où nous avions un invité de renom à chaque émission. Pär accepte de nous rejoindre. Le but n'est évidemment pas de l'inviter dans le cadre de l'affaire Conceiçao, voire d'opposer le style ou le caractère des deux joueurs. Mais à 18 heures, Lucien D'Onofrio m'appelle et, après une longue conversation, il accepte que Sergio participe à l'émission. Je pense même qu'il le lui impose. Pierre François l'accompagne. Plaideur redoutable, il l'avait défendu devant les instances de la Fédération quelques heures plus tôt – on connaîtra plus tard la lourde suspension de quatre mois dont le joueur écopera.

Leur présence constituera un des pics d'audience de *Studio 1*. Conceiçao n'élude aucune question. Pierre François, qui l'a bien briefé, assure sa défense. Quand ils quittent le plateau après la première partie de l'émission, tout le monde est satisfait. On a réussi un beau coup. Sans agressivité, nous l'avons interpellé sur le respect de l'arbitre et sur les conséquences de son attitude, lui le capitaine, auprès des jeunes. Après l'interruption publicitaire, Zetterberg, que je n'avais évidemment pas décommandé, entre en scène pour la seconde partie de notre soirée. Égal à lui-même, séducteur dans son genre, le petit Pär nous la joue cool et réussit lui aussi l'exercice.

Quelques jours plus tard, à Liège-Bastogne-Liège, je croise Lucien D'Onofrio, grand amateur de cyclisme, accompagné de son capitaine-vedette, Sergio Conceiçao. Le vice-président me prend à partie et j'assiste à un nouvel exemple de la rivalité exacerbée du moment entre le Standard et Anderlecht : il estime, ni plus ni moins, que j'ai volontairement construit l'émission en voulant opposer le diable Conceiçao et l'ange Zetterberg. Je tombe des nues, abasourdi qu'on puisse me prêter une intention aussi perverse. Ce qui était un simple concours de circonstances causé par les atermoiements du club de Sclessin, et en premier lieu de son vice-président, était devenu pour lui la parfaite illustration de la stratégie d'une rédaction bruxelloise aux ordres d'Anderlecht... Je ne saurai jamais si c'était vraiment son ressenti ou une manière de mettre la pression sur le rédacteur en chef des sports. Et ce n'est pas le premier à accuser l'équipe des sports d'être bruxello-centriste. Eddy Merckx en personne – avec, je l'espère, un peu de second degré – considère que *La Tribune* pourrait s'appeler : « Allez les Rouches » ! Comme quoi...

STANDARD, 25 ANS APRÈS

Il aura donc fallu attendre 25 ans avant que le Standard redevienne champion de Belgique, en juin 2008. Michel Preud'homme est son entraîneur et vient, le lendemain du titre, partager son immense bonheur sur le plateau de *Studio 1*.

J'ai toujours eu des contacts assez proches avec le Liégeois, dès le début de sa carrière. Nous sommes pratiquement de la même génération et je n'ai cessé d'admirer son talent et son parcours, moi qui avais rêvé de devenir gardien de but. Son entrée en scène à 18 ans coïncide avec l'arrêt définitif de Christian Piot et de Jean-Paul Crucifix.

Parmi mes excellents souvenirs de tournage, il y a ce reportage effectué au Benfica Lisbonne, où Michel, en pleine gloire, vient d'être transféré juste après la Coupe du Monde aux États-Unis en 1994. Il y avait été sacré meilleur gardien du monde. Michel avait accepté d'être filmé sur la plage en train de plonger sur le sable. Des images que l'on n'imagine plus pouvoir tourner. Quand je pense à Théo Mathy et Roger Laboureur qui pouvaient discuter avec Eddy Merckx dans sa chambre, juste après une étape du Tour de France, et ramener une interview exclusive, je me dis que les temps ont bien changé. Après le tournage qui avait duré deux heures, nous avions passé la soirée au restaurant pour quelques confidences supplémentaires. Ces moments-là créent des liens difficilement dénouables.

Michel Preud'homme, le joueur, l'entraîneur et le dirigeant, peut se targuer d'une carrière riche en événements. Avec son sens aigu de l'analyse, il a donné de l'épaisseur à ses interviews et sa capacité à enrichir le propos sur le plateau m'a toujours impressionné. On sait que s'il accepte l'invitation, le débat sera de qualité. La rigueur méticuleuse de l'entraîneur et la dimension de l'homme font mouche.

Au bord du terrain, en tant qu'entraîneur, son impulsivité l'aura cependant desservi et son image publique en a pris un coup. C'était plus fort que lui, et j'ai l'impression que ce métier le rongeait de l'intérieur. Maintenant qu'il a tourné la page, il va retrouver du temps pour les parties de golf, revoir les potes, sans pression, à distance raisonnable du chaudron de Sclessin, un chaudron qui bouillonne en permanence.

HISTOIRE DE BOYCOTT

Alors que, sur notre plateau, Preud'homme fait un tabac et que le contexte est à la fête, surgit un incident qui perturbera durablement toute ma rédaction. En cause non pas *Studio 1* mais le journal télévisé qui, le lendemain, choisit de diffuser une séquence tournée à l'occasion de la réception de l'équipe championne à Bruxelles, au 16 rue de la Loi, par le Premier ministre, Yves Leterme – au demeurant grand supporter des Rouges. Une séquence dans laquelle est également évoqué le passé judiciaire de Luciano D'Onofrio. À la suite de cette diffusion, la RTBF sera boycottée par le Standard pendant 18 mois. C'est un point noir énorme dans ma carrière. Il a été très difficile à vivre et extrêmement délicat à gérer. Je suis pris entre deux feux, ceux de la RTBF et du Standard. Des feux avec des contre-feux, notamment à la RTBF où les positions ne sont pas nécessairement alignées entre la rédaction du JT et la rédaction des Sports, ni même au sein de ces rédactions.

Le directeur général du Standard de l'époque, Pierre François, juriste réputé pour traiter tous les dossiers avec beaucoup de rigueur, aujourd'hui directeur général de la Pro League, n'a jamais fermé la porte et je suis longtemps resté en contact avec lui pour essayer de sortir de l'impasse. Rien n'y a fait. Le blocage était à un autre niveau, celui du vice-président.

La décision du Standard pénalisait d'abord le public, puis la RTBF et ses journalistes qui étaient interdits d'interview à l'issue des rencontres du club. Même Pierre Capart, journaliste affecté à la couverture de l'actualité liégeoise, était refoulé aux portes du centre Robert Louis-Dreyfus. Après de longs mois, le Standard a juste un peu relâché la bride, en autorisant uniquement les interviews faites par le seul Thierry Luthers, lui qui avait brièvement, sous la présidence Dreyfus-D'Onofrio, été responsable de la communication du club. C'était une situation délicate au regard du droit à l'information.

Dans ce métier, on doit savoir se faire respecter et fixer une limite au-delà de laquelle c'est « non ». Mais avant de dire non, il faut prendre le temps nécessaire à la recherche d'un compromis et laisser un espace de négociation. Certes, comme le veut la déontologie de base de tout journaliste, « les faits sont sacrés ». Ils doivent être communiqués au public, quelle que soit la personnalité mise en cause et peu importe que le média soit, par exemple, dans une relation contractuelle de diffusion d'un événement sportif. Concernant Lucien D'Onofrio, si les faits judiciaires sont là, ils ne sont pas négociables et il est légitime d'en parler. Mais fallait-il en parler au journal télévisé ce soir-là, le jour où les dirigeants et les joueurs du Standard sont reçus par le Premier ministre dans un contexte de fête après 25 ans de disette ? Et fallait-il en parler de cette manière-là, blessante de l'avis de l'intéressé, pris en tenaille par deux équipes du JT qui cherchaient à le questionner sur sa légitimité de vice-président ? Quand on blesse quelqu'un, on ne sait pas jusqu'où ça peut aller.

L'issue du litige a été trouvée au plus haut niveau, entre Lucien D'Onofrio et Jean-Paul Philippot, après plus d'une année et demie de boycott liégeois. Mais sans contreparties. Un jour, le patron m'appelle pour me voir. Il participe à un séminaire à Louvain-la-Neuve et me demande si je peux le rejoindre pendant le temps de midi. Je savais qu'il avait rencontré le vice-président du Standard pour une ultime tentative de réconciliation mais je n'avais plus d'illusions. Je prends ma voiture. Quand j'arrive, il me parle d'un autre dossier mais je n'ai qu'une idée en tête : savoir ce qu'il est ressorti de sa rencontre autour du dossier Standard. Alors, j'ai fini par lui demander ce qui me brûlait la langue :

« Vous avez vu Lucien D'Onofrio ? » « Oui. » « Et alors ? » « Ben… c'est arrangé. »

Il avait bien ménagé ses effets, le boss. J'étais soulagé, lui aussi. Il venait de nous retirer une grosse épine hors du pied.

La parenthèse du boycott fermée, je note que Lucien D'Onofrio n'est jamais venu en plateau. C'est un fin connaisseur du foot, dont les relais dépassent nos frontières et se sont établis au plus haut niveau international. Il a ainsi été l'intermédiaire dans le transfert de Zinédine Zidane de Bordeaux à la Juve. Ce n'est pas la seule grande transaction qu'il a conclue. Sa devise est simple : « Pour vivre heureux, vivons cachés. »

En 2018, à l'occasion de la sortie de son livre, *La Mano Negra*, consacré aux forces obscures qui contrôlent le football mondial, Romain Molina déclarera sur notre plateau que Luciano est l'homme le plus influent et le plus puissant du football belge. Aujourd'hui actif à l'Antwerp, Lucien D'Onofrio pourrait très vite revenir au Standard où son grand ami François Fornieri (Mithra) est devenu un des deux actionnaires principaux, avec Bruno Venanzi.

LILIAN THURAM

Magnifique champion du monde avec l'équipe de France en 1998, Lilian Thuram est devenu le porte-étendard sportif de la lutte contre le racisme. Il est vrai que cette équipe-là a plutôt bien fait progresser l'idée de la diversité dans la société. Lilian s'est engagé en créant la fondation qui porte son nom et dont le principe fondateur est : on ne naît pas raciste, on le devient. Il n'a pas tenu un autre discours sur notre plateau en janvier 2009. Il faut éduquer mieux pour se regarder mieux. Lui, un Noir chez les Bleus, précisant que nous étions tous des Africains d'origine nés il y a 3 millions d'années. Eden Hazard qui se déclare « Africain » dans une autre vie est un adepte de la cause. Ce fut un grand moment d'intelligence.

De la même manière, Mbark Boussoufa, le joueur d'origine marocaine, double Soulier d'or, qui a joué à Anderlecht pendant six saisons, a souligné l'année suivante dans notre émission toute l'importance qu'il attachait à ce qu'on respecte dans son club sa pratique religieuse, et donc le ramadan qu'il faisait en pleine saison.

Donner la parole à des joueurs de cette trempe dépasse largement l'enjeu purement sportif. Leurs témoignages permettent de faire évoluer la société vers plus de tolérance. Ils nous font avancer vers l'autre dans toutes ses différences.

En 1990, j'ai reçu un prix de la Fondation Roi Baudouin des mains d'Amin Maalouf, pour un reportage dans *Le Week-end sportif* que j'avais consacré au club bruxellois de l'Atlas composé presque exclusivement de joueurs d'origine marocaine. Le club ne trouvait pas de terrain ni d'infrastructures fixes. Colette Mahoux – une anonyme pour le grand public, mais pas pour le club – s'est longtemps mobilisée pour leur cause et elle m'avait convaincu de les suivre à l'entraînement ainsi que lors d'une rencontre dominicale. Les matches étaient animés, le public très nombreux était particulièrement enthousiaste. Le bruit des tambourins, les merguez : nous avons été accueillis à bras ouverts. Un souvenir chaleureux.

ARIËL OU LE PRIX DE L'IMPERTINENCE

Alors que nous sortons à peine d'un long conflit avec le Standard, c'est l'entraîneur d'Anderlecht, Ariël Jacobs, qui nous boycotte. Nuance de taille : il ne boycotte pas la RTBF en tant que telle puisqu'il ne refuse pas les interviews de la RTBF et qu'il a participé, par exemple, à un *Week-end sportif* avec Gaëtan Vigneron, le 5 mars 2010. Son courroux vise *Studio 1* et, plus précisément, la présence de Stéphane Pauwels.

Ariël Jacobs fait partie de ceux qui n'ont jamais accordé de crédit à Stéphane Pauwels et qui l'ont condamné avant l'heure, sur la base, qui sait, de relations passées, difficiles, d'informations en tout cas jamais divulguées. Cela reste une énigme.

Quoi qu'il en soit, à l'occasion de la saison 2009-2010, Stéphane Pauwels a des mots très durs à l'adresse du club d'Anderlecht, de ses joueurs et de celui qui est devenu son entraîneur, Ariël Jacobs. Stéphane Pauwels joue alors un rôle qu'il affectionne particulièrement, celui du vilain canard qui égratigne Anderlecht battu deux années de suite par le Standard dans la course au titre. On sait que les Mauves n'ont pas vraiment digéré le second titre des Rouches obtenu à la suite d'un test-match entre eux. Leur orgueil est blessé.

Lorsqu'Anderlecht prépare son tour préliminaire à la Champions League face à Lyon, début août, après sa qualification face aux Turcs de Sivasspor, battus 5-0 au stade Constant Vanden Stock, l'ensemble de la presse est plutôt optimiste quant aux chances de qualification belge. Stéphane se lâche sur RMC (Radio Monte-Carlo), une radio où l'on est plus habitué qu'en Belgique aux propos mordants. Des morceaux choisis sont repris dans la presse belge : « Anderlecht ne va rien comprendre à ce qui va lui arriver. Ils n'ont aucune chance contre Lyon. Anderlecht, c'est une équipe en perte d'identité, qui me fait penser au Saint-Étienne des années 70. Cette équipe recèle plein de points faibles : Polak est un bûcheron, Wasilewski un boucher et Van Damme un découpeur. Avec les joueurs de flancs lyonnais, ça va faire très mal. »

On ne dirait plus jamais les choses de cette façon aujourd'hui. C'était du Pauwels pur jus. Étaient-elles pour autant si éloignées de la vérité, même si nos confrères oubliaient de rappeler combien notre chroniqueur de l'époque avait loué le talent de Matias Suarez.

En studio face à Herman Van Holsbeeck, après qu'Anderlecht ait été éliminé par Lyon, Stéphane Pauwels filera plus doux. Il précisera qu'il voulait pointer le fait que les trois joueurs épinglés étaient des joueurs « moyens ». De son côté, Herman Van Holsbeeck insistera sur la nouvelle politique du club qui n'avait pas fait de transfert, une politique axée sur la formation et l'encadrement social des jeunes pousses – un discours que l'on a retrouvé, dix ans plus tard mais avec une autre tonalité, quand Vincent Kompany est revenu au club.

Mais 2009, c'est surtout l'année de l'affaire Witsel-Wasilewski et la terrible blessure du Polonais : double fracture tibia-péroné. Comme Stéphane Pauwels à l'époque, je suis convaincu que c'est un accident, certes un geste extrêmement malheureux mais totalement involontaire. Tout simplement parce que l'élégant Axel Witsel ne se chauffe pas de ce bois-là.

Après le match, Ariël Jacobs exprime publiquement son profond dégoût et son envie d'arrêter le métier à la fin de la saison

– il ne savait évidemment pas qu'il allait décrocher le titre quelques mois plus tard... Dans *Studio 1,* Stéphane pointe alors de manière assez malvenue le caractère « dépressif » de l'entraîneur mauve et c'est la goutte qui fait déborder le vase. Ariël en a été meurtri.

Ariël Jacobs cultivait l'humour et le sens du second degré ; il allait même parfois jusqu'au troisième, se retranchant derrière une évidente pudeur dans un métier où elle n'est pas fréquente et où il convient de maîtriser sa communication. Les médias peuvent être cruels avec celui qui se referme devant leur micro. On n'a pas oublié son interview assez surréaliste le 17 mai 2009 dans laquelle il répondait systématiquement le mot « beaucoup » aux questions posées à la fin de Genk-Anderlecht. Il venait d'apprendre que le Standard avait arraché un point à Gand à la suite d'un pénalty manqué de Bryan Ruiz. Un point synonyme de test-match avec le Sporting.

Je n'ai jamais eu l'occasion de réaliser une sorte d'interview-vérité avec Ariël Jacobs. J'aurais aimé, figurez-vous, lever un coin du voile pour découvrir un peu plus cet homme extrêmement compétent dans son domaine. Les gens apprécient la sincérité, ils sont demandeurs de ces moments de télévision où l'homme se montre tel qu'il est, avec ses failles et ses faiblesses. C'est derrière le masque que se trouve la vraie force. Je crois que tout le monde en serait sorti gagnant : Ariël, le Sporting, la RTBF et le public, sympathisant ou non des Mauves.

J'ai souvent tenté de convaincre David Steegen, ancien collaborateur de *Studio 1* devenu responsable de la communication à Anderlecht, d'aller dans le sens de cette rencontre. Mais ma bonne relation avec David n'a pas suffi, ni les joies du titre. Ariël n'est jamais venu sur le plateau, alors qu'il est passé sur la VRT dans l'émission de mon confrère Frank Raes, le lendemain du sacre.

Avec le recul, je crois que ma demande relevait de l'utopie. Je comprends, avec le temps, qu'il a voulu se protéger et qu'il a pris comme des gifles les flèches décochées par certains depuis notre plateau. Elles font par ailleurs vite oublier les compliments.

Son refus de s'expliquer, de venir donner son point de vue, ont rendu ces gifles plus difficiles encore à supporter. Une présence en studio aurait apaisé cette tension. Nous nous sommes figés dans nos positions. Le temps a passé mais le malaise est resté.

Il est impossible dans ce genre de programme de tout maîtriser. Et je me suis quelquefois senti totalement impuissant malgré ma volonté d'éviter le clash pour le clash et le plaisir de faire mal. Il a donc fallu payer le prix de notre impertinence, de nos coups de cœur, de nos coups de gueule, des éditos qui prennent position, des jeux de mots parfois malheureux, des traits d'humour moqueurs et plus ou moins réussis. Une impertinence qui n'a de sens que si, derrière la forme, il y a le fond. C'est toute la difficulté de l'exercice. Et je suis persuadé qu'il faut continuer de mettre le doigt là où ça fait mal, tant que cela se fait sur la base de faits incontestables. Ce fut ainsi le cas lorsque Stéphane a pointé les nombreuses blessures de Nicolas Frutos, un joueur argentin très efficace... quand il jouait. Frutos en a voulu à la RTBF et je comprends son ressenti, lui qui a dû mettre prématurément fin à sa carrière, début 2010, malgré tous ses efforts pour retrouver son niveau physique avec l'aide d'un club qui ne l'a jamais abandonné. Frutos que j'ai bien aimé quand il est devenu consultant pour VOO avec des analyses pertinentes et directes.

Le milieu du foot n'aime pas les critiques, particulièrement dans le sud du pays. Dans le nord, c'est déjà moins le cas et que dire alors de nos collègues hollandais ? « Sans la liberté de blâmer, il n'est point d'éloge flatteur », disait Beaumarchais. S'il n'y a pas d'espace pour la critique, quelle est encore la valeur d'un compliment ? Mais comment réagir face à la politique de la chaise vide ? Comment continuer à faire le métier d'informer et de divertir lorsque les personnalités du football, ceux qui font l'actualité, les joueurs, les entraîneurs, les dirigeants, refusent de venir en studio ou de répondre à nos demandes d'interview ? Dans ce jeu de pouvoirs, le vrai perdant reste le public, qui ne comprend pas pourquoi tel joueur ou tel dirigeant n'est pas interviewé par la RTBF, et qui peut croire que la RTBF favorise un club ou en stigmatise un autre.

AU NOM DE QUOI STÉPHANE PAUWELS ÉTAIT-IL LÀ ?

L'arrivée de Stéphane Pauwels en février 2006 est un choix personnel pour marquer le coup et apporter cette touche d'impertinence – qui s'avèrera fameuse – dans *Studio 1*, la future *Tribune*. J'estime le risque à prendre indispensable pour rompre avec la tradition un peu trop consensuelle de notre émission.

Quand je décide de l'engager, Stéphane travaille comme recruteur de l'AS Monaco et il collabore déjà avec RMC (Radio Monte-Carlo). Il y fait preuve d'une liberté de ton à laquelle nous ne sommes pas habitués en Belgique, en tout cas pas dans le domaine du sport. Il n'y a pas de Guy Carlier chez nous. Stéphane est un passionné de foot. Il a un réseau. Il lit la presse spécialisée et assiste à de nombreux matches en Belgique, en France, en Allemagne, voire en Afrique.

Il a traîné sa bosse à Mouscron, à Lille (en tant que directeur commercial), en Algérie (comme team manager de l'équipe nationale, avec Georges Leekens, puis Robert Waseige), avant de devenir le manager général de La Louvière en juillet 2004, aux côtés du président Filippo Gaone. Il a joué un rôle de premier plan dans la mise en place d'une équipe compétitive avec peu de moyens, avant que les choses se déglinguent pour le club hennuyer et qu'il reçoive son C4 en 2005.

Stéphane a aussi un incontestable charisme. C'est un homme qu'on adore, ou qu'on adore détester. Il a le sens de l'humour, de la répartie ; il est susceptible mais il a le don de mettre de l'ambiance. Il parle comme les gens : « comme les supporters dans les buvettes », dira-t-il. Il prône l'enthousiasme sans réserve : « Sans enthousiasme, on n'a que des alibis ; avec de l'enthousiasme, on suscite la réussite. »

Au bout du compte, il a beaucoup de qualités pour remplir le rôle que je veux lui faire jouer.

Le 6 février 2006, un dimanche soir, exceptionnellement et parce qu'on m'a alerté, je regarde la VRT : elle va diffuser un reportage intitulé « Le tacle de la mafia ». C'est l'affaire Yé qui explose. J'explose aussi. J'entends le nom de Stéphane Pauwels cité parmi les personnes intermédiaires dans les malversations présumées. Je venais de le choisir pour en faire un nouveau pion dans notre dispositif de *Studio 1*. On attendait qu'il rejoigne l'équipe deux semaines plus tard.

Ma seule préoccupation, à ce moment-là, c'est de vérifier le bien-fondé des accusations dont il semble faire l'objet et de savoir s'il est impliqué ou non dans le scandale. Si c'est le cas, il est évidemment impensable qu'il fasse partie des nôtres. Si ce n'est pas le cas, je suis prêt à lui tendre la main.

J'ai bien conscience que je mets ma crédibilité en jeu. Je l'appelle immédiatement.

« Michel, je suis anéanti. C'est une catastrophe », me dit-il.

Je lui pose la question de confiance et il me jure sur la tête de sa fille qu'il n'a rien à voir dans cette affaire. Évidemment, cela ne me suffit pas. Après cet échange téléphonique, je prendrai un certain nombre de contacts proches de l'enquête qui me rassureront. Un autre témoignage va jouer un rôle capital en faveur de Stéphane : c'est celui d'un ancien joueur qui a trempé dans cette saga mafieuse de l'affaire Yé, qui m'affirme sur l'honneur que Pauwels n'est absolument pas concerné. Je prends alors sur moi de lancer le Mouscronnois dans le grand bain, non sans avoir à subir de grosses pressions pour que cet engagement n'ait pas lieu.

Rétrospectivement, je ne regrette et ne renie rien.

D'abord, et c'est essentiel, parce que Stéphane n'a pas été poursuivi ni même inquiété dans l'affaire Yé.

Ensuite, parce qu'il s'est très rapidement installé, avec beaucoup d'aisance, dans le fauteuil du chroniqueur atypique, du trublion décomplexé que je cherchais, toujours prêt à tailler dans le ballon, voire à le découper, capable de se contredire d'une semaine à l'autre, certes, et de donner son avis même si on ne le lui demande pas. Très vite, il se rend incontournable et devient un véritable phénomène. L'art de Stéphane aura été d'exploiter pour sa personne des méthodes de marketing qu'il maîtrisait sur le bout des doigts et sur le bout de la langue. Intarissable, il était très difficile de le faire taire et il vendait parfaitement son produit, c'est-à-dire *lui* (dixit Benjamin Deceuninck). En un mot : il savait y faire, avec un sens de la formule dont lui seul avait le secret : « Triguinho, c'est… Fantômas », « un tel est à la ramasse » et « un autre est à deux de tension », « Bailly a fait Jésus-Christ ». Pour dénoncer les évidences, son expression devenue légendaire « il y a baleine sous caillou » est l'occasion de rappeler combien sont encore nombreuses en football les anguilles qui se cachent sous la roche.

On attendait ses coups de gueule et ses coups de cœur et, n'en déplaise à ses détracteurs, il n'a pas dit que des conneries – heureusement pour moi. Quand il s'est interrogé sur l'incapacité qu'ont eue les grands clubs belges à s'intéresser aux véritables pépites que constituait le réservoir des Ivoiriens de Beveren, il était dans le bon. Un joueur comme Gervinho s'est retrouvé à Lille, Arsenal, Rome, Yaya Touré à Barcelone ou Emmanuel Eboué à Arsenal. C'est lui aussi, par exemple, qui attire notre attention sur un certain Mbaye Leye, à l'époque où il joue à Zulte Waregem ; il repère le « buteur percutant », sa superbe frappe sèche, et il nous dit : « Tenez bien ce Leye à l'œil. »

Stéphane est cabochard, frondeur. Il flingue mais les balles sont en caoutchouc et *La Tribune* offre toujours la possibilité d'une réplique. Souvent, il fait mouche. S'il y a eu des heurts gratuits et des erreurs grossières de sa part – j'y reviendrai – tous les torts cependant n'étaient pas de son côté, comme l'a montré la prestation d'Abbas Bayat, le 1er mars 2010, sur notre plateau. Le président carolo l'a agressé d'emblée en le traitant de « clown » et en faisant référence à son absence de diplôme. Notre chroniqueur a marqué des points comme souvent lorsqu'une de ses cibles était présente sur le plateau. Il maîtrisait plutôt bien l'art de l'esquive. Ce soir-là, il a évité le piège. La semaine suivante, au stade, les supporters carolos étaient devenus ses supporters : ils portaient pour la plupart un faux nez rouge. Sans combattre, le clown avait gagné.

Stéphane a eu un peu de mal à digérer ce type d'attaques qui, il est vrai, sont devenues assez systématiques à son égard, que ce soit dans la presse écrite ou sur des blogs comme celui de *Studio 1* ou de Vivacité. Les gens se sont déchaînés et j'ai ressenti de sa part une lassitude de plus en plus grande. Ses détracteurs diront que « celui qui sème le vent récolte la tempête » mais pour moi, on a frôlé le procès en sorcellerie. Si j'ai dû, parfois, brandir le carton rouge, rien ne justifiait qu'il se fasse injurier publiquement par des personnes anonymes ou mal intentionnées.

« Au nom de quoi Pauwels est-il là ? », m'a-t-on demandé parfois à l'époque. « Au nom de quoi les autres sont-ils là » ? pourrais-je répondre. Parce qu'ils ont un titre de journaliste ou un passé de joueur ? Cela n'a pas de sens. Sa légitimité ? Pour moi, il suffit d'aimer le foot pour pouvoir en parler ; nul besoin de diplôme ou d'autorisation préalable. Ce qui compte, c'est la personnalité et la valeur ajoutée du personnage.

Certains m'ont reproché d'avoir créé un monstre incontrôlable, comme l'avait fait le docteur Frankenstein. Il y a eu une tentative de déstabilisation de la part de certains journalistes qui ont alimenté en permanence la polémique. Ceux-là mêmes qui auraient aimé sans doute qu'il collabore avec eux et qui n'ont pas manqué de le solliciter.

Une preuve de sa légitimité est venue d'où on ne l'attendait pas. Fin mai 2010, le Standard l'a approché pour devenir directeur sportif. Stéphane m'a appelé pour me demander mon avis. Je sentais bien qu'il avait pris sa décision, celle de décliner l'offre, et qu'il n'allait pas quitter les médias et la petite lucarne dont il rêvait depuis si longtemps, avec la conviction qu'il y arriverait un jour.

LASZLO, MAÎTRE ÈS COMMUNICATION

Quand, le 14 décembre 2009, je reçois Laszlo Bölöni, entraîneur du Standard, dans *Studio 1*, il me demande une chose : « Je veux du respect. » Et de l'espace à côté de lui pour poser son dossier.

Le Standard et son entraîneur traversent alors une petite tempête parce que les résultats ne sont plus comparables à ceux des deux saisons précédentes. Comme le dira Pierre François, quelques semaines plus tard, le 18 janvier 2010 : « Je ne suis pas venu pendant deux ans dans votre émission alors que le Standard était champion et je viens aujourd'hui, après avoir perdu 0-4 contre Anderlecht. » Ce n'était pourtant pas faute de l'avoir invité.

Le respect, sur un plateau de télé, c'est d'abord l'écoute. Être le meneur de jeu d'une émission comme *Studio 1*, ce n'est pas ramener tout à soi... c'est tout mettre en œuvre pour que les acteurs, en ce compris les invités, donnent leur pleine mesure. Et si on écoute bien, on pose de meilleures questions. « J'ai des questions à vos réponses », disait Woody Allen.

Il ne faut pas se voiler la face : les médias peuvent clairement déraper. L'affaire du sondage publié par le journal *Het Laatste Nieuws* en décembre 2009 l'a bien montré. Le journal populaire flamand n'avait rien trouvé de mieux que d'inviter ses internautes à voter pour le « fou de l'année 2009 » et de proposer le nom d'Axel Witsel à côté notamment de Kim De Gelder, l'auteur présumé mais en aveux de la tuerie dans la crèche de Dendermonde en janvier 2009 – et qui sera condamné à la perpétuité pour assassinat quatre ans plus tard.

Ce respect joue évidemment dans les deux sens et la presse ne peut pas accepter qu'un sportif s'emporte ou claque la porte quand la question dérange. Il doit y avoir place pour le débat ; la discussion peut être vive, mais sans outrance, sans agressivité.

Bölöni avait remarquablement bien préparé son passage à *Studio 1* et nous n'avons pas été agressifs dans nos questions. On ne l'a pas braqué. On n'a pas pris le risque de le voir quitter le plateau. Nous lui avons permis de s'installer et il a pu s'exprimer avec beaucoup d'humour et une certaine légèreté. Au final, le public a mieux compris qui était cet homme et c'est cela qui compte. Bölöni, c'est un personnage hors du commun, un passionné et il est dommage, en fin de compte, qu'il n'y en ait pas davantage comme lui.

Pendant l'émission, il a fait état des cours de communication qu'il avait suivis avec succès au centre de Clairefontaine. On a pu constater qu'il les maîtrisait bien, ses cours de com'. Dieu sait pourtant si le Roumain a pu nous taper sur le système dans ses interviews d'après-match, parfois à la limite de la grossièreté et avec un art très subtil pour déstabiliser les jeunes journalistes. Derrière cela, il y a peut-être, dans son histoire et dans son éducation, quelques relents de la Roumanie communiste de Ceauşescu et d'une presse aux ordres – une Roumanie qu'il n'avait pu quitter qu'à l'âge de 29 ans. Mais je ne connais pas son histoire et je me laisse aller à des clichés faciles. En tout cas, chaque fois qu'il est venu à *La Tribune*, on n'a pas été déçu. On a passé de bons moments, avec maître Laszlo.

JOVA, MY FRIEND

Jovanovic a aussi crevé l'écran, lors de son passage chez nous. Une personnalité d'une grande richesse mais beaucoup plus « nature » que Bölöni. Il n'a pas eu un parcours simple, il n'a pas été coulé dans un moule sans aspérités, contrairement à d'autres joueurs. On l'appelait « le serpent » en Belgique – ses dribbles étaient en effet ondulants – tandis qu'en Serbie, on l'appelait « Bambi », comme quoi tout est une affaire de point de vue.

À la question de savoir s'il était le meilleur dribbleur, il a répondu « non ». À celle de savoir s'il était le meilleur attaquant, il a répondu « non, je suis le meilleur joueur ». Il n'avait pas hésité à exprimer son écœurement après l'incident Witsel-Wasilewski.

Mais l'humour, la spontanéité et la sincérité de Jova ne doivent pas être l'arbre qui cache la forêt : les cours de communication qui formatent les joueurs et qui les rendent trop souvent transparents. Le danger est de tomber dans une sorte de communication publicitaire, dans une logique de media training où tout sportif, tout dirigeant de club ou de fédération, lisse son discours et son parcours. En tant que journaliste et rédacteur en chef, je me suis régulièrement battu pour que l'information ne se laisse pas piéger par cette communication-là qui dépasse clairement ce qui est nécessaire pour protéger les acteurs et notamment les jeunes joueurs exposés à une pression médiatique dès le plus jeune âge, alors qu'ils sont, pourrait-on dire, sans défense.

Ce combat est de plus en plus difficile à mener. La porte des clubs, autrefois entrouverte, s'est largement refermée. Le danger de cette communication poussée à l'extrême n'a pas que des incidences vis-à-vis des médias. Je pense qu'elle a des effets néfastes pour les acteurs eux-mêmes. À force de les isoler et de les mettre dans une bulle, à trop vouloir les formater dans le moule du club ou du sportif idéal, ils risquent de perdre pied. Aujourd'hui, les joueurs descendent du bus les écouteurs vissés aux oreilles et bien souvent sans un regard pour ceux qui voudraient recueillir l'une ou l'autre impression. Il fut une époque où les joueurs venaient vers nous. Cela ne durait jamais longtemps mais c'était toujours utile.

À ceux, parmi les spécialistes de la communication, qui voient des complots contre leur club à la moindre question un peu offensive, je dis : « Attention où vous mettez la barre. C'est un jeu dangereux. Si vous la placez trop bas, on risque de porter atteinte à la nature même du produit que l'on veut promouvoir. Le public n'est pas dupe, la superficialité est très rapidement lassante. » Le bon message à faire passer, c'est d'être ce qu'on est, dire ce qu'on pense même si on ne peut pas tout dire. Il existe même des « mensonges de combat », selon la philosophe Barbara Cassin. Ça veut dire mentir parce qu'on n'a pas le choix. Bien sûr, il faut canaliser les sportifs, bien sûr, il faut les conseiller, mais, de grâce, préservons la sincérité. Avec Jovanovic ce lundi-là, on y est arrivés aussi parce qu'il a pu s'exprimer dans sa langue avec un interprète qui connaissait le foot et qui avait été briefé sur son histoire. Jovanovic n'aurait pas supporté de conseiller en communication, lui qui nous appelait tous « *my friend* » sur le plateau.

BORLÉE : LE POIDS DU PÈRE

Jacques Borlée fait partie des rencontres qui m'auront marqué, d'abord par sa forte personnalité – contestée, j'en conviens, mais tellement déterminée –, par la qualité de son discours, mais avant tout par ses compétences d'entraîneur qui ont amené – et maintenu – au sommet ses quatre enfants, Olivia, Kevin, Jonathan et Dylan.

J'ai vécu un moment très fort avec le clan Borlée à Barcelone en 2010. C'était le dernier jour des championnats d'Europe d'athlétisme. Vincent Langendries assurait les commentaires aux côtés de Noël Levêque. J'avais quitté la tribune pour la piste d'échauffement. J'étais là quand Olivia est revenue du 4 x 100 m. Elle avait réussi un excellent départ mais le témoin était tombé entre la 3e et la 4e relayeuse. À quelques mètres de là, son père était en train de coacher toute l'équipe du 4 x 400 messieurs qui se préparait pour la finale. Olivia, seule, ne parvenait pas à contenir ses larmes. Sa solitude m'a beaucoup ému et je me souviens m'être demandé : « Quand est-ce qu'il va prendre le temps de la réconforter ? », comme je l'aurais fait avec ma fille dans la même situation. Finalement Jacques, après avoir donné ses derniers conseils aux garçons, est venu prendre sa fille par l'épaule en échangeant quelques mots; cela a suffi. Quelques minutes plus tard, le relais belge allait chercher la médaille de bronze. Les images que je garde de ce moment se télescopent encore dans ma tête, comme ont dû se télescoper ce jour-là les sentiments du père et de ses trois enfants. Il lui a fallu gérer cet imbroglio psychologique entre athlètes mais surtout entre lui, le père, et ses enfants, une famille dans une même enceinte, sur un même événement avec des résultats et des ressentis opposés, et on peut dire qu'il s'en est admirablement sorti. Ce soir-là, Jacques Borlée était maître de ses émotions.

LA TÉLÉ PEUT RENDRE « FOU »

Le 2 mai 2011, c'est l'incident en direct; je ne l'ai pas vu venir. Stéphane Pauwels l'impulsif se lève et quitte le plateau de *Studio 1* en direct, en m'accusant de défendre systématiquement le camp d'en face, celui de Benoît Thans...

Depuis quelques mois, l'ambiance au sein de l'équipe était devenue pesante. L'opposition entre Stéphane et Benoît avait pris des proportions démesurées. Chacun dans son réseau, retranché dans son bastion, s'envoyait des *scuds* (vous me pardonnerez la référence guerrière) et ça volait de plus en plus bas. Tous les deux ont une part de responsabilité dans le déclin de la relation, l'un dans son rôle de numéro 9, buteur, puncheur, qui met la tête là où personne n'ose mettre le pied; l'autre en numéro 10, davantage dans le contrôle, la temporisation, la passe lobée ou à l'aveugle. Ce qui apparaissait aux yeux du grand public comme un jeu était devenu une lutte fratricide et pénible. Ils ne se saluaient plus. Moi qui ai une capacité de résilience assez élevée, là, j'avais atteint mes limites. Le clash a constitué le point d'orgue d'une situation qui devenait impossible à vivre pour l'ensemble de l'équipe. Marcel Javaux en avait sa « claque » et Marc Delire avait traité Stéphane de « con » quelques semaines plus tôt quand celui-ci avait trouvé irresponsable que des parents aillent avec leurs enfants assister à Charleroi-Standard, un match à risque qui avait connu des débordements violents.

C'était une époque où on ne se marrait plus du tout, pour reprendre une expression chère à notre chroniqueur vedette. La situation devenait schizophrénique et ingérable sur le plateau. Après l'incident, il y a bien eu des tentatives de conciliation, mais elles n'ont pas abouti. Je sais qu'il y a aussi eu des discussions, en dehors de ma présence, autour d'un programme de divertissement que Stéphane aurait pu présenter. La RTBF connaissait évidemment son taux de popularité. Ces discussions ne déboucheront sur aucune proposition concrète. Il quittera la RTBF et signera un contrat d'exclusivité avec RTL. Stéphane réalisera quelques cartons d'audience, notamment avec *Les orages de la vie*. En septembre, *La Tribune* a repris sans lui, mais aussi sans Benoît Thans.

Je me suis toujours demandé si Stéphane avait prémédité son clash pour pouvoir mieux répondre aux appels du pied de RTL ou, à tout le moins, faire monter les enchères chez nous. Quelque chose du genre : « Retenez-moi pour beaucoup d'argent, sinon je vais en face pour plus d'argent encore... !! »

Avec le recul, je ne regrette pas de l'avoir fait venir. Il aura tenu six ans, nous aussi.

Quelques années plus tard, en 2018, il explose en plein vol mais pas pour un dérapage médiatique, cette fois : il est arrêté puis inculpé pour une affaire d'ordre privé (un présumé home-jacking au domicile de l'ex de son ancienne compagne). Dès le lendemain, RTL le suspend d'antenne alors qu'il clame son innocence. En septembre 2018, j'ai répondu à un journaliste qui m'interrogeait sur la situation pénible que traversait Stéphane et sur laquelle chacun de ceux qu'il avait connus bottait en touche. Je ne retire rien de ce que le journal a publié : « Franchement, je tomberais de ma chaise si je découvrais qu'il n'est pas honnête. Je ne me réjouis vraiment pas de ce qui lui arrive. La télé peut rendre "fou". À un moment donné, dans certaines circonstances, face à certaines personnes peu recommandables, des filtres doivent s'actionner et il se peut qu'ils ne jouent pas suffisamment, bercé par les fausses caresses que nourrissent la vanité et la fragilité. C'est une bien triste rançon de la gloire qui doit servir de leçon à ceux qui seraient tentés de se prendre la tête. Si, comme il le dit, il n'a rien à se reprocher, alors il s'en sortira. Quoi que je puisse en penser, c'est la justice qui aura le dernier mot. »

Stéphane m'a reproché cette interview. Je n'ai pourtant rien dit de contraire à la vérité. Je suis convaincu que Stéphane n'est pas quelqu'un de mauvais, de tordu ou de foncièrement malhonnête. Mais il a dû porter sur ses épaules une notoriété qui est rare en Belgique. Parce qu'il a sans doute, plus qu'un autre, besoin d'être reconnu et aimé, il a, face aux sollicitations permanentes, été dépassé par l'image qu'il s'est créée. Si tu deviens côté ville le personnage que tu incarnes côté scène, tu te grilles. Si tu surjoues, tu n'es plus toi-même et ton image t'emporte. Dans la préface de son livre *Pauwels brise le silence* publié en 2008, je le mettais déjà en garde : « S'il ne cède pas aux sirènes de la télé qui peuvent faire tourner la tête, on n'a pas fini de marcher ensemble. » Il a cédé.

Je parlais de quelque chose que je connaissais pour l'avoir vécu aussi. Le métier peut vous monter à la tête. Succomber aux dérives de la télévision ne signifie pas qu'il est coupable de ce qu'on lui reproche. J'insiste sur cette distinction. Mais Stéphane s'est brûlé les ailes, il s'est fragilisé en ne gardant pas une certaine distance par rapport au monde des médias, en se prenant pour un autre (une de ses expressions favorites), en se croyant intouchable, en versant dans l'arrogance. Stéphane a parfois été trop loin aussi dans la provocation et la critique à l'égard de certains joueurs.

ATTENTION LES PARENTS REGARDENT

Quand Eden nous a rendu visite une première fois en 2009, il était accompagné de son papa qui nous avait raconté que des agents de joueurs suivaient son fils en permanence, jusque dans les toilettes des stades, pour lui remettre leur carte de visite, bien conscients de tout le potentiel que représentait l'aîné des Hazard.

Un talent énorme et, à côté de ça, un entourage soutenant qui a inculqué à Eden l'importance de prendre du plaisir dans son jeu et la faculté de gérer avec sérénité toutes les sollicitations extérieures. Le comportement des parents d'Eden a clairement pesé dans la balance de sa réussite. Cette anecdote me rappelle un reportage que j'avais réalisé avec Cécile Gonfroid et diffusé dans *Le Week-end sportif* : « Attention les parents regardent ».

Les scènes auxquelles nous avions assisté me font encore froid dans le dos. Même devant nos caméras pourtant bien en vue, de nombreux parents perdaient leur sang-froid et insultaient leur enfant à deux mètres de notre objectif. Des adultes incapables, à ce moment-là, d'imaginer que le sport, c'est d'abord un jeu fait de hauts et de bas, de victoires et défaites, de bonnes et moins bonnes prestations. Je reste interpellé par cette pression mise en place très fréquemment par des parents qui projettent leurs enfants dans des carrières professionnelles qu'atteint seulement l'un ou l'autre surdoué. Quelques-uns ont perdu pied dans cette dangereuse spirale qui exige le meilleur de leur gamin, ou rien. Le risque de déstabiliser l'homme en devenir est grand. Thomas et Romain, mes deux fils, ont beaucoup joué au foot mais je n'ai pas rêvé pour eux d'une carrière professionnelle. Le risque de fausser une vie existe bel et bien. Je reste perplexe quand j'apprends qu'à 18 ans, le fils d'une de mes connaissances perçoit un salaire de 20 000 euros par mois en... D2 hollandaise.

Je me souviens qu'à 17 ans, mon fils aîné, Thomas, s'est déchiré les ligaments croisés du genou et le premier spécialiste qui l'a vu n'a pas fait preuve d'une élémentaire empathie : « Le foot, faut oublier, c'est terminé. » En deux mots, il a expliqué les différentes méthodes de greffe et indiqué qu'il préconisait la greffe de ligaments prélevés sur cadavre... Déjà, Thomas ne l'écoutait plus ; j'ai vu les larmes couler de son regard triste. Le foot, les copains, le club, tout un pan de sa vie venait de voler en éclats. Le rôle alors de l'entourage familial est crucial pour accompagner, relativiser le poids du sport dans une vie, dédramatiser aussi. Le pire, c'est que ce médecin, incompétent, s'était trompé. Benoît Thans m'a chaudement recommandé le chirurgien liégeois qui l'avait opéré avec succès du tendon d'Achille. Jean-Pierre Delcourt a de suite rassuré Thomas avant de l'opérer selon la méthode la plus répandue, la méthode DIDT – droit interne, demi tendineux. Le chirurgien a deux options et dans le cas de Thomas, il a choisi le tendon droit interne (sur la face interne de la cuisse) pour remplacer la structure déchirée du ligament qui ne se reconstruit jamais. Six mois plus tard, Thomas reprenait le chemin des terrains. Il a arrêté le foot 14 ans après.

Attention donc, la blessure chez un jeune rempli de ses rêves peut faire bien plus de dégâts que les seuls ligaments du genou. Rompre ses rêves, c'est faire vaciller l'adolescent qui les nourrissait en premier. J'en veux encore à ce médecin qui n'avait pas compris cela. Je savais de mon côté, pour avoir vécu une histoire identique, le désarroi dans lequel m'avait plongé à 18 ans cette obligation d'arrêter de jouer au foot.

RÉDACTEUR EN CHEF

À la RTBF, le sport occupe une place de choix. J'ai été, pendant 18 ans, chef de la rédaction sportive la plus importante de la Fédération Wallonie-Bruxelles, qui compte une cinquantaine de personnes, dont 35 journalistes, sans compter les pigistes et les chroniqueurs.

Le travail n'a pas été simple parce que j'ai dû gérer les diverses réformes et transformations que la RTBF a menées. La première réforme fut celle des centres régionaux. Reflet de la diversité de sa population, la RTBF a connu historiquement la création de centres de production à Bruxelles et aux quatre coins de la Wallonie, de Liège à Mons, en passant par Namur et Charleroi. Il y avait à l'époque des journalistes sportifs dans chaque centre régional et même une émission comme *Vendredi sport* produite à Liège.

En 2003, alors que je venais à peine d'être installé dans mes fonctions de rédacteur en chef, il y a eu une volonté politique de rationalisation et de spécification des rôles de chaque centre. À un moment donné, sous l'impulsion du bourgmestre de Charleroi, Jacques Van Gompel, mais plus encore sous la pression de son échevin des Sports, Claude Despiegeleer, soutenu en haut lieu par le Ministre-Président de la Région wallonne, Jean-Claude Van Cauwenberghe, un régionaliste convaincu, il fut question de déménager toute la rédaction sportive dans des locaux proches du Spiroudome. Le but était de renforcer l'image de Charleroi la sportive. Mais c'était une hérésie et je m'y suis opposé comme beaucoup d'autres. Nous avons organisé la résistance, soumis nos arguments, plaidé auprès des politiques (Van Cau en tête) pour éviter ce transfert qui allait faire sortir de la capitale la plus grande rédaction sportive francophone. Entre Bruxelles, siège de toutes les fédérations, du COIB, du stade national, de la VRT, d'un côté, et Charleroi, même avec les Spirou, les Zèbres, la Villette et la Garenne, de l'autre, il n'y avait pas photo. Et puis quel message faisait-on passer à Liège ? Pour un peu, la guerre des bassins était relancée... Heureusement, ce déménagement qui a hanté mes nuits n'a finalement pas eu lieu, Charleroi obtenant d'autres formes d'investissements importants autour de l'animation, avec Dupuis, et des studios de production en images virtuelles notamment. J'ai appris la nouvelle à la suite d'un coup de téléphone de Jean-Paul Philippot. Je sais que je n'aurais pas supporté une autre décision et que j'aurais sans doute remis ma démission.

La dernière transformation est liée au changement radical du modèle d'entreprise, à partir de 2018, vers un média global. Pour moi qui ai connu une RTBF divisée entre médias radio, télé, puis web et réseaux sociaux, je peux dire que ce fut le jour et la nuit. En 2003, j'avais été désigné responsable de la rédaction sportive pour la télévision : je n'étais pas le chef de la rédaction sportive pour la radio. C'était à l'époque Guy Géron. En 2006, j'ai chapeauté les deux, puis Internet s'est affirmé, mais on restait organisés en silos. Dans le bâtiment, les rédactions n'étaient pas au même étage. Aujourd'hui, la RTBF est un média digital, transversal, qui pense et produit 360 degrés, avec une rédaction des sports réunie dans un même espace. Le champ de mes responsabilités sportives a donc bien évolué pendant toutes ces années.

LA PERTE DE L'EUROPA LEAGUE

Au sein des rédactions des télévisions européennes, j'ai sans doute été un des rares à cumuler les fonctions de chef de rédaction des sports, de négociateur des droits de diffusion et de présentateur d'une émission tous les lundis soir. Cela aura été un avantage déterminant parce que je connaissais bien mon produit. Je maîtrisais toutes les étapes, sachant ce qu'il en coûtait et ce que nous allions en faire.

La négociation est un exercice particulier qui se pratique loin des projecteurs et que j'ai toujours apprécié. J'ai été désigné chef des sports une année après l'arrivée de Jean-Paul Philippot comme administrateur général à la RTBF, en 2002. J'ai toujours pu bénéficier d'un soutien extrêmement attentif dans la mise en place de ces contrats et d'informations claires sur la marge de manœuvre dont je disposais dans la négociation. Être en contact rapproché, quand c'est nécessaire, au moment où il va falloir conclure, est une absolue nécessité. Jean-Paul Philippot a toujours été présent et efficace dans ces moments-là.

En 2009, l'échec dans la négociation des droits de l'Europa League nouvelle formule, alors que je m'y étais beaucoup investi, m'a déstabilisé personnellement. Je n'ai pas vu arriver AB 3. Cela aura été une bonne leçon. On avait travaillé au plus serré financièrement ; on pensait être les seuls sur ce marché. AB3 nous a pris à revers et a obtenu les droits pour trois saisons. Cruauté du sort : la saison 2009-2010 a été exceptionnelle pour les clubs belges avec des prestations que nous n'avions plus connues depuis longtemps. Ce que j'ai retenu de cette expérience, c'est qu'en foot, tout a toujours un coût. Vouloir brader les prix à l'excès, c'est une erreur.

J'ai le sentiment que, par cette perte de contrat, l'UEFA a voulu donner à la RTBF une leçon sur son marché. À vouloir trop gagner, on risque de tout perdre. Un an plus tôt, nous étions parvenus à réduire considérablement le prix du contrat pour l'Euro 2008 en Suisse et en Autriche. Cette négociation au finish avait abouti en avril, deux mois avant le début du tournoi. Elle a dû peser dans nos discussions concernant l'Europa League. Mettre la pression sur les prix est une manœuvre qui peut coûter cher.

Ma déception a été énorme. Elle n'avait pas le même goût qu'en 2000, année au cours de laquelle la RTBF avait décidé, pour des raisons strictement budgétaires, de ne plus acquérir les droits de la Champions League. Là, il n'y a donc pas eu à proprement parler de match avec l'UEFA ou entre chaînes de télévision, même si cela reste une défaite et un mauvais souvenir d'avoir vu la Champions League partir à RTL après neuf années chez nous et un seul point pris pendant toute cette période par le Lierse. La RTBF aurait dû mieux saisir l'enjeu de cette compétition, de cette mécanique bien huilée, au programme bien formaté, avec ses horaires offrant deux soirs par semaine ce que le football européen fait de mieux. On était à un moment charnière et l'UEFA avait l'intention de conclure avec nous. Jusqu'à cette année-là, la RTBF relayait du sport de manière quasi exclusive. On peut donc parler d'une erreur stratégique, dictée par des impératifs financiers immédiats, puisque cela a permis à RTL de créer la première brèche dans notre édifice sportif. Elle s'est élargie par la suite, jusqu'à ce que, petit à petit, nous la colmations.

J'ai un souvenir précis de cette réunion au cours de laquelle Christian Druitte, administrateur général à l'époque, menait la réunion pour la RTBF, soutenu, à cette occasion, par une cheffe de cabinet qui ne maîtrisait manifestement pas tous les éléments du dossier. Le directeur des sports, André Lembrée, était souffrant et il n'avait pas pu participer à la réunion. Avec Cécile Gonfroid, nous représentions le service des sports mais nous n'avons pas eu voix au chapitre. La réunion n'a pas duré un quart d'heure. La RTBF n'a pas fait de proposition et le représentant de TEAM, l'agence qui vendait les droits de l'UEFA, est parti, surpris et vexé par le peu de professionnalisme affiché ce jour-là.

C'était ma première expérience de ce genre de négociation de droits sportifs et voir un tel contrat nous filer entre les doigts m'est resté en travers de la gorge. Nous avions déroulé le tapis rouge pour RTL. Je connaissais le représentant de TEAM. Cécile et moi l'avons accompagné en le suppliant de nous laisser un délai supplémentaire et il nous a répondu : « Je suis désolé, je vais maintenant à RTL. C'est RTL qui aura ce contrat. »

RTL n'avait pourtant pas manifesté d'intérêt. La RTBF lui avait abandonné le morceau et ouvert la porte à une stratégie sportive inexistante jusqu'alors au sein de la compagnie luxembourgeoise. Comble de l'ironie, Anderlecht a réussi une saison d'enfer pour la première année de contrat, avec des victoires d'anthologie notamment contre Manchester United et le PSV, poussé par son duo d'attaquants très complémentaires, Koller et Radzinski. Ce qui n'a fait que conforter RTL dans l'idée que le sport était un bon placement.

Je sais évidemment que la réalité budgétaire a pesé sur le dossier et que maîtriser les coûts est une nécessité, sans quoi c'est toute la politique de l'entreprise, et pas uniquement la politique sportive, qui risque d'être mise à mal. Mais je reste convaincu que la RTBF aurait pu tenter quelque chose. Elle ne l'a pas fait : le but était clairement de sabrer dans les finances du sport et de faire l'économie de tout le contrat Champions League, sans nous prévenir et sans nous laisser de marge de manœuvre. Une sorte de football-panique, d'harakiri, dans un mouvement de balancier en réaction à une période où le service des sports n'avait pas suffisamment respecté les lignes de son budget.

Pour en revenir à l'Europa League et à 2009, la perte de ces droits de diffusion m'a ouvert les yeux sur la nécessité de redistribuer les tâches au sein de la rédaction et de partager davantage les responsabilités. J'en faisais assurément trop dans un univers en perpétuelle évolution, dont les frontières bougeaient sans cesse et où Internet était venu durablement perturber les repères classiques de la radio et de la télévision. On me demandait déjà il y a dix ans d'être actif sur tous les fronts et tous les supports. C'est d'autant plus vrai aujourd'hui avec l'explosion du digital.

Ce défi et les autres, il faut les relever avec des personnalités très différentes, des profils variés aux talents multiples, des collaborateurs et des collaboratrices qui ont en point de mire des disciplines de prédilection, des aspirations profondes sur le type de travail qu'ils souhaitent remplir et en conséquence, parfois, des frustrations logiques. Il arrive que les ego débordent et mon objectif a toujours été de maintenir un cap collectif, où chacun trouve sa place, idéalement son bonheur, et où chacun peut grandir. J'ai le sentiment de n'avoir laissé personne en rade mais la certitude aussi de n'avoir pu effacer des déceptions et de n'avoir pu rencontrer toutes les attentes.

Au bout du compte, il faut se concentrer sur les résultats du service des sports et, sans fausse modestie, je suis fier de notre image, de nos audiences, de nos succès et de la qualité de ce que nous avons mis en place. Désormais, nos nouveaux défis sont les réseaux sociaux, aujourd'hui Instagram, hier

Facebook, et demain ? On défriche, on avance, on plante, on déplante, on défriche encore. Mais on peut s'interroger sur le poids que nous conserverons face aux GAFA si puissants financièrement : Google, Amazon, Facebook, Apple... Quelle identité pourrons-nous maintenir dans notre si petit pays, nous permettant de garder le cap sportif fixé à la RTBF ? Une série de droits sont signés jusqu'en 2024 mais il faudra rester alerte et agile pour préserver notre place.

Au final, j'ai adoré négocier – j'y reviendrai avec les Diables Rouges. D'abord en interne, parce qu'il faut convaincre que le produit qu'on va tenter d'acheter est intéressant, ensuite en externe. C'est sans doute le côté commerçant hérité de mon père qui a refait surface. Négocier avec humilité mais fermeté, ne jamais s'avouer vaincu, recueillir toutes les infos dans le réseau, faire évoluer ses pions, changer de place. Pour l'anecdote, ma première négociation, je l'ai menée avec Carmen Pfaff, en 1986, pour convaincre Jean-Marie, son mari, de nous rejoindre dans une émission spéciale en direct après la Coupe du Monde au Mexique. Cela nous aura coûté 10 000 francs belges (250 euros). Je l'avais jointe au téléphone alors qu'ils prenaient en famille quelques jours de repos à la mer. J'entendais les gens crier « Jean-Marie, Jean-Marie ! » Il n'était pas compliqué d'imaginer la scène avec le théâtral Jean-Marie apparaissant au balcon, les mains tendues, devant la foule en délire. Tout cela pendant que Carmen s'occupait de faire marcher les affaires.

Carmen n'a pas été la seule femme de joueur avec laquelle j'ai négocié des contrats. Katrien Wilmots et Jill Fadiga ont fixé pour Marc et Khalilou les conditions de leur collaboration. Avec Jill, cela s'est fait à distance ; avec Katrien, dans la maison familiale à Dongelberg et, au moment de se taper dans la main, Marc Wilmots est revenu pour voir si tout s'était bien passé.

LE PRIX DU SPORT

Acheter des droits de diffusion sur toutes les plateformes, linéaires et digitales, cela a un coût. Cependant, la courbe longtemps ascendante du prix du sport s'est stabilisée chez nous. Chaque opérateur a défini son périmètre pendant les dix dernières années et les batailles pour l'acquisition de certains droits – ceux du foot aussi – sont devenues plus rares.

L'impact du sport sur le public en termes de divertissement et d'intégration sociale n'a pas de prix. Les grands événements sportifs fixent des repères dans la mémoire collective. Un service public comme la RTBF a choisi de soutenir la cause du sport. Mais la RTBF a aussi d'autres obligations, d'autres missions essentielles, ce qui passe inévitablement par la maîtrise des sommes qu'on dépense dans l'acquisition des droits sportifs.

À l'analyse, si on compare avec les autres télévisions européennes, la RTBF propose une offre d'une richesse assez exceptionnelle qui tourne, sur le linéaire, donc la télévision traditionnelle, entre 1200 et 1400 heures de sport par an, et cela en fonction des années paires et impaires : une année sur deux, nous diffusons tantôt la Coupe du Monde, tantôt les championnats d'Europe toujours jumelés, eux, pendant l'été avec les Jeux olympiques.

Le Covid a bouleversé cette alternance et le programme de 2020 aura été colossal. Un casse-tête pour les équipes de programmation qui n'ont pas eu trop de la Une et de Tipik (ex-la Deux) pour tout montrer.

Heureusement, notre offre s'enrichit du digital et d'Auvio particulièrement qui est venu à la rescousse pour certaines compétitions en direct qu'on verra uniquement sur cette plateforme. J'aime beaucoup Auvio – pas uniquement pour le sport – et je ne suis pas le seul, si j'en crois les audiences.

Depuis le 1er janvier 2018, l'ensemble des contenus sportifs ont généré un total de 62 millions de visions en live ou en replay via Auvio (c'est un résultat proche des contenus d'info, qui ont généré 72 millions de visions sur la même période). Parmi le top des diffusions de sport en live, je pointe deux matches de la dernière Coupe du monde : Belgique-Panama avec 180 000 visions en live et Belgique-Japon, 174 000 !

La liste de nos droits correspond à celle des envies et des attentes du public, même si certains ont pu dire : « Lecomte est trop foot. » Jugez plutôt : foot, bien sûr, mais aussi JO, Formule 1, tennis, cyclisme, basket et toute une série de sports plus confidentiels, mis en avant dans *Le Week-end sportif* – désormais *100 % Sport* – ou sur Auvio, sans compter que nous avons suffisamment de souplesse pour rebondir quand un athlète ou une équipe belge réalise de beaux résultats. L'exemple du hockey chez les dames et les messieurs est le plus révélateur, mais cela a aussi été le cas avec les Belgian Cats en basket. Dans ce dernier cas de figure, il faut d'abord trouver les arguments en interne pour décrocher le budget, puis négocier avec les détenteurs des droits de diffusion. Cela s'est quelquefois joué sur le fil au grand dam de mes équipes qui mettaient la pression mais on n'a pas raté grand-chose.

La couverture du championnat de Belgique de football, la Pro League, c'est un choix délibéré. Arrêter cet investissement et utiliser cet argent pour diffuser la Champions League, par exemple, n'est pas une option. Avec le football belge, nous entretenons de semaine en semaine notre légitimité. C'est grâce à cet engagement que nous avons tissé avec notre public un lien entretenu en permanence.

LES DIABLES AU CORPS

Et puis, il y a les Diables Rouges, le produit phare par excellence. Vous serez d'accord avec moi, les Diables, qu'on aime le foot ou non, c'est une priorité absolue. C'est le « produit » le plus consensuel et qui est revenu dans notre portefeuille en deux phases car, à une époque, nous avions perdu les droits sur les matches de qualification, au profit de RTL.

Les grandes phases finales, Euro et Coupe du Monde, n'ont jamais quitté nos antennes. Elles font l'objet de moins de convoitise. RTL, l'été, joue sur d'autres registres et n'a jamais manifesté de réel intérêt pour ces événements. En ce qui concerne les matches de qualification, c'est autre chose.

Les matches de l'équipe nationale, ce sont de fantastiques programmes et une garantie d'audience, avec plus de 700 000 téléspectateurs en moyenne, soit un téléspectateur sur deux. En fin d'année, ces matches sont tous dans les 20 programmes les plus regardés en télévision ; ils occupent généralement les trois premières places du podium.

Un chiffre pour vous situer les choses : le match Belgique-Italie de l'Euro 2016 a fait chez nous 1 675 674 téléspectateurs, soit une part d'audience de 83,4%. Et ce, sans compter les très nombreux Belges qui regardaient le match dehors, sur un écran géant ! La palme de la part d'audience la plus élevée revient à Belgique-Tunisie lors de la Coupe du Monde 2018 : 89,3 %. Qui dit mieux ?

À l'Euro 2000, que la Belgique a organisé avec les Pays-Bas, notre équipe a été éliminée au premier tour. Cela n'était jamais arrivé à un pays organisateur. Et à partir de ce moment-là, on peut parler de déclin. Robert Waseige, l'entraîneur, a quitté l'équipe après la Coupe du Monde du Japon et l'élimination face au Brésil en huitième de finale. Après lui, Aimé Anthuenis, René

Vandereycken et Georges Leekens n'ont pas été en mesure de redresser la barre. À un moment donné, la Belgique était 71e au classement mondial de la FIFA.

Toutes ces années tristes, dans un stade Roi Baudouin sans âme, à moitié vide, c'était sur RTL. Ce qui a découragé nos concurrents au point de relâcher la bride et de ne pas s'opposer à notre retour dans l'acquisition des matches de qualification à l'extérieur. Cela s'est passé entre la Coupe du Monde en Afrique du Sud et celle du Brésil. J'ai personnellement insisté pour ce retour des Diables à la RTBF malgré la période sombre en termes de résultats. Je croyais en eux.

Puis d'autres négociations ont eu lieu et nous avons, depuis 2014, récupéré tous les matches des Diables. Ce sera le cas au moins jusqu'en 2022 avec une nouveauté cependant, la Nations League, acquise par RTL mais qui n'a pas encore trouvé un véritable éclat et un véritable crédit auprès des joueurs et des entraîneurs.

Avec l'arrivée de Marc Wilmots, suivie de celle de Roberto Martinez, la Belgique est devenue numéro un mondial au classement FIFA et, fin 2020, nous continuons d'occuper la première place. C'est tout bonnement incroyable. Les Diables, chez nous, ce sont d'immenses moments d'émotion avec les commentaires de Rodrigo Beenkens et Philippe Albert, les interviews de Vincent Langendries et tous les programmes qui les encadrent en studio mis en musique par Benjamin Deceuninck et son équipe. Je n'oublie pas l'impact supplémentaire qu'auront donné à ces grands moments de sport tous mes collègues de la radio et qui font aussi partie des voix appréciées par le public.

La RTBF a diffusé tous les matches des Coupes du Monde 2010, 2014 et 2018 en direct et en intégralité, ce qui est plutôt exceptionnel si l'on regarde les autres éditeurs de services audiovisuels, généralement obligés de partager les droits.

Plus globalement, comment la RTBF fait-elle pour proposer autant de sport malgré son budget très limité – un des budgets les plus faibles parmi ceux des entreprises audiovisuelles publiques en Europe ?

La concurrence sur notre marché en Fédération Wallonie-Bruxelles, se joue entre la RTBF, RTL et AB 3 qui pourrait revenir dans la course avec la Coupe de Belgique. Elle a longtemps été rude mais semble aujourd'hui stabilisée. C'est également le cas dans le nord du pays, où le prix du sport est toutefois 40 % plus élevé que dans le sud. À une époque, les budgets y ont même explosé lorsque les patrons de VT4, pour lancer cette nouvelle chaîne sur le marché, ont signé des contrats qui leur donnaient accès à des matches de Coupe d'Europe – avec clubs belges – dont ils ne connaissaient ni l'affiche, ni l'heure du coup d'envoi, ce qui est pourtant essentiel dans une programmation. Un match à 18 heures, ça ne vaut pas un match à 20 heures 45. Le match coûtait à l'époque 380 000 euros. De la folie. Cela s'est calmé depuis mais VT4 et le groupe SBS ont longtemps payé ce dérapage.

Négocier les contrats sportifs, c'est un art compliqué puisque la RTBF n'est pas seule en lice. Fini le temps du monopole où tout passait par la RTB(F). Fini le temps où tous les matches de football européen étaient systématiquement diffusés sur la RTBF. Parfois, il faut faire des choix douloureux. La RTBF ne peut pas utiliser toutes ses marges budgétaires pour le sport ni pour tous les sports. Je l'ai déjà expliqué avec l'abandon de la Champions League en 2000. Aujourd'hui, le gâteau est à partager le plus souvent avec RTL et quelquefois AB3, mais nous pouvons nous réjouir d'en avoir conservé la plus grosse part.

À côté des droits de diffusion, il y a aussi les coûts de production. Produire une émission de télévision pour faire vivre un événement, pour l'encadrer, le mettre en perspective, cela coûte beaucoup d'argent. Sont inclus dans ces coûts les frais de captation, de transmission, de déplacement, les décors spécifiques et notamment toute la recherche graphique. Et tout est à l'avenant. Pour vous donner une idée, en 2010, à l'occasion des JO d'hiver de Vancouver, France Télévisions a dépensé près de 8 millions d'euros pour assurer cette production : c'est plus de la moitié du budget global du sport à la RTBF dans une année impaire. Deux ans auparavant, à l'occasion des JO de Pékin, France TV pouvait compter sur 320 collaborateurs dans la capitale chinoise. La RTBF se limitait à 15.

On ne peut pas oublier, dans l'évocation des droits sportifs, la part de publicité et de sponsoring qu'ils génèrent. Pour la Coupe du Monde en Russie, les revenus cumulés de la pub et du sponsoring s'élevaient au montant des droits dépensés pour l'acquisition de l'événement. Et en toute transparence – c'est d'ailleurs dans notre rapport d'activité –, le budget total du sport s'élève à 20 millions d'euros dont, bon an mal an, 15 millions d'achat de droits. Sur un budget total de 340 millions à la RTBF, le sport représente donc un budget de 6%. Cela me paraît raisonnable.

BELGE UNION

L'Union belge qui se scinde en deux ailes; la Belgique qui se fédéralise; c'est le sens de l'histoire, celui de la séparation nord-sud et, au bout du compte, une impression parfois de fatalisme. Cela me renvoie à un souvenir qui sort un peu des sentiers battus, lié à la finale de la Coupe du Monde 2010, entre les Pays-Bas et l'Espagne. En vacances avec la famille, j'ai assisté à ce match depuis un bar à tapas de la Costa Brava, pour profiter de l'ambiance festive du moment. On s'était installés bien à l'heure devant les écrans. Le café était rempli de touristes essentiellement, mis à part une famille espagnole qui se moquait ouvertement de la reine d'Espagne à chaque fois qu'elle apparaissait à l'image.

L'Espagne s'est imposée 1-0, un but d'Iniesta à la fin de la seconde prolongation et, à mon grand étonnement, moi qui m'attendais à une explosion de joie au coup de sifflet final, j'ai ressenti de la retenue de la part des Catalans. Les images de Madrid nous montraient des débordements de joie mais on était loin du compte à El Port de la Selva. Le lendemain, dans notre restaurant habituel, le patron semblait déjà avoir oublié la victoire de la veille : « cette victoire ne me fait pas plaisir, on n'en parle plus ». Ambiance identique à Barcelone dans la capitale catalane, où les habitants de la ville sont à peine sortis de leur réserve, pour ce qui est quand même une victoire en Coupe du Monde, le graal absolu dans le foot. Certains reprochaient ouvertement à des joueurs catalans, Iniesta ou Poujol, de porter les couleurs de l'Espagne, fût-ce pour écrire une des plus belles pages de la Roja.

J'ai le sentiment qu'en Belgique, heureusement, les frontières s'estompent quand il s'agit de faire la fête à nos footballeurs. En 2018, l'apparition des Diables – flamands et wallons – au balcon de l'hôtel de Ville de la Grand-Place a suscité une explosion de joie hors du commun, comme cela avait été le cas en 1986. Les couleurs nationales étaient de sortie pour une communion à la belge sans résistance, tellement bonne à vivre, même si Bart De Wever avouera ne pas avoir partagé ce bonheur noir-jaune-rouge.

JUSTINE

J'adore le tennis à la télévision. Avec Justine Henin, je suis passé par toutes les couleurs et par tous les sentiments. Je peux dire qu'elle m'en a fait voir, Juju. Elle a tout sacrifié pour atteindre le sommet. Dans sa carrière, elle a donné aux gens des sensations qui les ont marqués à vie. Son match contre Myskina en 2004 en demi-finale des JO reste inoubliable. Elle est menée 5-1 au troisième set et parvient à renverser la situation, pour finalement décrocher la médaille d'or contre Mauresmo. On sait tout le bien que McEnroe pense de Justine et les éloges répétés qu'il lui a faits par médias interposés. Preuve de leur admiration réciproque, John et Justine ont réalisé en 2020 une séquence désopilante pour *Eurosport* autour du « syndrome du come-back » qui affecte les joueuses de tennis, dont... Kim Clijsters.

Il y aura bientôt dix ans que Justine a arrêté sa carrière et aujourd'hui, elle est libérée de la pression qui pesait sur elle à l'époque et qu'on sentait de façon tangible dans ses grands yeux marron. Elle vogue, tranquille, sur les eaux familiales, aux côtés de Benoît, son mari, de Lalie et Victor, ses enfants, sans oublier ses activités professionnelles, notamment avec son club de tennis et son rôle de consultante pour France Télévisions. On la sent apaisée depuis son retrait, même si elle a dû passer par une sorte de sas de décompression avant de prendre un autre chemin où elle s'épanouit. Elle a donc réussi ce grand tournant en arrêtant sa carrière à 25 ans et ce n'est pas simple d'entamer, à cet âge-là, une autre vie, la fameuse reconversion des athlètes de haut niveau.

Un jour, Carlos Rodriguez, son entraineur, m'avait dit, en parlant de Justine et de lui : « On a longtemps cru, et c'est lié à ce qu'on a vécu dans notre jeunesse, qu'on n'avait pas le droit d'être heureux. » C'est lourd à porter, ça, quand même, comme le vol planant des vautours qui ont quelquefois posé leurs griffes sur ses épaules fragiles. Elle ne les a pas vus tous venir. Certains en ont profité mais là, elle a fait le ménage. Fini les toxiques. Justine continuera de grandir, davantage dans le plaisir que dans le devoir qui a longtemps été le grand principe de cette perfectionniste.

Pendant sa carrière, Justine a longtemps été numéro un mondial et tous les médias l'ont beaucoup sollicitée. Elle a parfois été bien conseillée, parfois pas. Quand elle choisit de revenir dans le circuit, le 22 septembre 2009, après une première interruption, son clan d'alors décide de l'annoncer dans une grande interview exclusive avec Laurent Haulotte sur RTL. Via mon réseau, j'avais aussi appris l'information de son retour à la compétition qui constituait un fameux scoop et on aurait pu battre en brèche l'exclusivité de RTL. Les circonstances vont nous aider : Kim Clijsters s'impose à l'US Open la veille de l'annonce programmée. Il aurait été malvenu qu'au lendemain de cette incroyable finale américaine, Justine vienne en quelque sorte lui voler la vedette. Justine et RTL choisissent alors de postposer leur annonce d'une semaine pour préserver son effet médiatique. Cela nous a donné le temps de nous préparer et de négocier avec ses conseillers en communication (pas les meilleurs qu'elle ait eus) une présence au JT de 19 heures 30, rendue possible par l'enregistrement de l'émission de RTL dans l'après-midi. Quelques sujets d'archives, une bonne interview avec François De Brigode, Justine est restée moins longtemps chez nous mais elle a été meilleure. Je vous avoue que la voir sur notre plateau, après de longs conciliabules, c'était un fameux ouf de soulagement. Je reste convaincu qu'un événement de cette nature ne peut pas être le monopole d'un seul média. Justine « appartenait » à tout le monde et vouloir faire un coup médiatique en oubliant cela eût été une erreur d'appréciation.

Autres temps, autres mœurs : récemment, notre JT n'a pas souhaité accueillir Vincent Kompany en direct alors qu'il venait d'annoncer sa fin de carrière chez les Diables et sa décision de devenir l'entraîneur principal d'Anderlecht. Au nom d'un principe mis en place depuis quelques mois au JT, un même invité ne peut pas, le même soir, se retrouver sur le plateau de RTL et celui de la RTBF. Résultat : on force la personne à choisir l'une ou l'autre chaîne et son moment de grande écoute. En sachant que la RTBF est toujours deuxième sur l'horloge derrière la chaîne privée. Je sais que Vincent s'attendait à faire les deux plateaux, ce qui avait d'ailleurs été prévu au départ. J'ai expliqué la position du JT à Vincent Kompany qui m'a téléphoné en personne pour comprendre. Je ne suis pas sûr de l'avoir convaincu, moi qui ne partageais pas vraiment l'option prise par le JT ce soir-là et qui estimais qu'il existe des événements et des personnages qui transcendent toute logique de concurrence entre chaînes. La double annonce de Kompany entrait pour moi dans ces cas d'exception.

EDDY

Entre Justine Henin et Eddy Merckx, une histoire lointaine mérite d'être racontée. Eduardo Masso, joueur de tennis professionnel et ex-beau-fils d'Eddy, donnait des cours au centre de l'Association francophone de Tennis à Mons et, décelant la graine de championne chez Juju, il l'avait invitée à passer une soirée et une nuit au domicile de la famille Merckx. La joueuse a écouté avidement les conseils du grand champion qu'elle admirait mais aussi ceux de Claudine, la femme d'Eddy. « Elle me rappelait ma maman », dira Justine, une maman disparue quand elle avait 15 ans, laissant un vide béant, mais qui constituera une source de motivation permanente pour atteindre la promesse qu'enfant, Justine lui avait faite d'un jour gagner Roland-Garros. Le 7 juin 2003, elle remporte son premier Grand Chelem à Paris, son tournoi de cœur. Claudine et Eddy sont devant leur écran et, comme tout un peuple, ils assistent à l'exploit de cette jeune fille de 21 ans à laquelle, un soir, une nuit, ils avaient offert le gîte et le couvert et où Eddy avait eu la sensation très nette – me dira-t-il plus tard– qu'elle atteindrait les sommets.

Entre Justine Henin et Eddy Merckx, au-delà de cette histoire, il y a beaucoup de points communs. Ce sont deux très grands champions, mais là je ne vous apprends rien. On est d'accord. Toutefois, au-delà de leur palmarès et de l'énorme reconnaissance dont ils jouissent, ils ont en commun de se laisser approcher sans calcul et sans tralala, si on est soi-même sans vernis. Justine et Eddy, je les aime pour cette raison, pour la capacité qu'ils ont de nous donner à vivre, dans les moments partagés, ce qu'ils sont naturellement. Je les vois régulièrement. Justine et sa famille sont proches de la mienne, j'ai des enfants de son âge et des petits-enfants du même âge que ses enfants. Nos rencontres sont toujours gaies et amicales.

Avec Eddy, c'est le plaisir de la table et d'une bonne bouteille qu'on partage, toujours dans la bonne humeur, tout en parlant quand même un peu de vélo. C'est l'occasion d'entretenir notre complicité qui a été assez immédiate. Sa carrière s'est terminée avant que je n'entre dans le métier mais le courant est passé très vite. Ce qui m'a valu de rentrer quelquefois « à moins le quart » – c'est-à-dire à pas d'heure, très tard ou très tôt – avec le baron Merckx, un titre de noblesse qui, comme chacun le sait et comme je me plais à lui répéter, est un titre en dessous de (Le)comte.

BOB ET LA MONTÉE DE TONNERRE

Je suis un habitué du journalisme de proximité et ma culture n'est pas celle de l'attaque frontale. Je me souviens d'une interview avec Robert Waseige au cours de laquelle je l'avais un peu mordu parce que son équipe du Standard avait joué un nonmatch à Mons. Robert était de retour au club après la Coupe du Monde 2002 et les Liégeois connaissaient un mauvais début de saison (1 sur 12). J'ai tout de suite senti qu'il était surpris par mes questions. Il m'a dit, après coup : « Alors, tu es content, Lecomte, tu as fait du saignant ! »

Robert, que j'ai beaucoup apprécié pour la richesse de son analyse, pour sa disponibilité, pour son humour aussi, avait le mérite de dire très vite ce qu'il pensait – parfois de façon cinglante – mais sans jamais fermer la porte ou boycotter qui que ce soit. Malgré une susceptibilité qui a valu à plusieurs journalistes des remarques au picrate, il est resté un bon client pour les médias. Il a aussi été un agréable compagnon dans nos déplacements quand il est devenu consultant pour la RTBF. Ainsi, à Auxerre, Guy Roux l'avait emmené dans son vestiaire pour lui faire cadeau de deux bouteilles de Chablis tout en nous recommandant son fournisseur, sponsor du club. Nous sommes allés sur place le lendemain, avec Jean notre technicien. Depuis lors, j'ai gardé un faible pour le Chablis premier cru « Montée de Tonnerre », qui vaut assurément le déplacement à Auxerre.

ÉRIC, UNE AVENTURE EN SOMME...

Ceux qui ont croisé sa grande carcasse savent tout ce qu'elle recèle de bon et d'impulsif. « Le Grand » est quelqu'un de complètement atypique dans la sphère des dirigeants sportifs. Pour mieux comprendre le parcours d'Éric Somme, il faut savoir que son papa était entrepreneur en maçonnerie et qu'il exploitait les week-ends un dancing dans le village de Mariembourg, près de la frontière française. « Le Moulin Rouge » accueillait une clientèle mixte belgo-française, et Éric n'hésitait pas à donner un coup de main quand c'était nécessaire.

À mes débuts au centre de Namur, la RTBF bénéficiait d'une aura impressionnante et d'une situation de quasi-monopole. Annoncer qu'on travaillait pour la RTBF ouvrait toutes les portes. Dans ma zone de couverture, un petit club de basketball, présidé par un jeune homme, va très vite émerger. Le jeune président, c'est Éric Somme, le club, c'est Mariembourg. Éric semble avoir une revanche à prendre sur la vie. Plus personne dans son entourage ne croit en lui après les échecs successifs qu'il a rencontrés dans ses études, et alors que ses parents le voient architecte, voilà qu'il devient manœuvre et déçoit les grandes aspirations de son entourage. C'est alors qu'il décide d'ouvrir une boîte de nuit concurrente à celle de son père ; chaque week-end, « Les Arcades » et « Le Moulin Rouge » se disputent la clientèle qui va très vite faire le choix du fils, plus moderne, plus inventif, plus en phase avec les attentes de la jeunesse. Parallèlement, il prend les rênes du club de basket et accède en quelques années à la division 2. Puis, sans salle à sa disposition, il trouve refuge dans celle du collège de Pesche en révolutionnant à sa manière le petit monde du basketball. Il ose frapper à toutes les portes, celles des sponsors nationaux qu'il invite au village et auxquels il fait découvrir la chaleur de son coin reculé. Non seulement l'accueil est chaleureux, mais le projet est ambitieux. Il en séduira plus d'un qui lui resteront fidèles.

Chez Éric, un projet succède à l'autre. Je vais donc, dans mes premières années de journaliste, suivre les exploits de ce club de village qui donne la leçon aux grands. La radio et la télévision s'emparent du phénomène et contribuent à faire grandir la notoriété du club. Après l'estime viendra l'amitié, toujours présente aujourd'hui. Mariembourg deviendra Mariandenne, puis, le président tentera vainement l'expérience namuroise avant de se retrouver à Charleroi avec les Spirou.

Le temps qu'Éric n'a pas passé aux études, il l'a consacré à autre chose, à chercher l'idée qui lui donnerait l'avance sur tous les autres. C'est une belle leçon, signe de son intelligence, de son audace et de la dimension humaine qu'on mesurait tous dans les échanges qu'il pouvait avoir, teintés quelquefois cependant d'accents colériques. Mais son attitude a été la clé de son succès.

À Charleroi, Éric Somme accède avec son équipe à la plus haute marche du podium lors du championnat de Belgique de 1996, après trois années de présence en finale des playoffs. C'était à la Garenne. Après, la Coupole donnera une nouvelle dimension à l'équipe de Giovanni Bozzi, championne en 1997, 1998, 1999, et enfin en 2003. Suivront cinq autres titres et un dernier projet, à Antibes, qui n'aura malheureusement pas le succès escompté, lui laissant un peu d'amertume sans que cela ne ternisse toutefois la réussite de son parcours. Aujourd'hui, Éric a pris du recul sur sa carrière mais une chose est sûre : cette dernière pourrait, sous certains aspects, inspirer de nombreux dirigeants. Ainsi, je ne peux pas m'empêcher de comparer la trajectoire d'Éric avec celle du président du club de football de Charleroi au début des années 2000, à savoir Abbas Bayat. Éric a rapidement donné une âme au club de basketball qu'il a fait naître tandis qu'Abbas a failli faire perdre celle du club dont il avait repris les rênes – mais d'autres diront que c'est la qualité de son management qui a permis au Sporting de rester tout simplement en première division et de ne pas s'effondrer. Éric Somme s'est fait tout seul ; Abbas Bayat était le fils d'un ancien Premier ministre du shah d'Iran et il était diplômé de l'Université américaine de Columbia.

Hasard des trajectoires ? Éric Somme a même été l'intermédiaire pour faire venir Enzo Scifo, l'ex-international, Louviérois d'origine, comme entraîneur du Sporting. L'expérience a mal tourné entre Abbas Bayat et le Diable Rouge qui a finalement intenté une action en justice pour réclamer sa mise de départ alors qu'il expliquait avoir été séduit sentimentalement par la nature de la proposition et l'idée d'investir dans sa région ouvrière où la présence italienne est bien ancrée. On ne réussit pas tout.

FELICE ET PHILIPPE : AU NOM DU FOOT

« Divino Gusto » : le restaurant portait bien son nom pour cette rencontre entre Philippe Maystadt et Felice Mazzù. L'ancien ministre et ex-président de la Banque européenne d'investissement était un grand fan du Sporting de Charleroi. Fidèle de *La Tribune*, il m'avait sollicité fin 2017 pour rencontrer Felice Mazzù, alors entraîneur des Zèbres.

Léon Vivier, ancien journaliste à la RTBF et un des plus proches collaborateurs du ministre d'État, avait joué les intermédiaires. Philippe Maystadt, décédé depuis, était atteint d'une maladie dégénérative incurable. Il savait sa fin proche mais continuait de suivre le foot avec le même intérêt. Admiratif de l'entraîneur, il a posé des questions pertinentes et a savouré les anecdotes venues en droite ligne des vestiaires. De son côté, Felice Mazzù, fils de mineur italien, renvoyait son admiration à cet homme qui a géré les finances de l'État pendant vingt ans avant d'être amené à négocier des prêts européens face à Erdogan, alors maire d'Istanbul, ou des refus de prêts avec Poutine, notamment. Ah ! Le récit de sa grande solitude dans les couloirs du Kremlin quand le président russe l'a congédié, n'ayant pas obtenu ce qu'il souhaitait. Des vestiaires du centre d'entraînement de Marcinelle au Kremlin, le football, ce jour-là, a créé du lien entre les deux hommes et tous ceux qui partageaient leur table. Imaginer que les bons résultats de son Sporting aient apporté à Philippe Maystadt un peu de lumière au crépuscule de sa vie, me réconforte. Je continue de croire que la passion du sport peut apaiser la douleur et panser les plaies.

AU TAQUET

Dans la diversité de mes tâches, accorder la juste place aux personnes et aux événements, chaque lundi dans *La Tribune*, n'a pas été simple. Si j'ai réussi, je le dois aussi à la qualité du travail mis en place par les éditeurs – sans eux, point de réussite. Cela dit, présenter une émission de cette longueur réclame de la fraîcheur, de la spontanéité, de la réceptivité, en se répétant qu'on n'est pas là pour se mettre en valeur mais pour apporter le liant dans la sauce qui n'aurait pas le même goût si vous décrochez. Certains jours, en sortant d'une réunion de trois heures sur le budget, il était compliqué de se remettre en forme et en phase *Tribune*. Je l'ai senti quelquefois en plein direct. Comme je suis quelqu'un de l'instant, mes collaborateurs savaient qu'ils pouvaient encore m'interpeller une heure avant l'antenne mais inévitablement, à un moment donné, je devais me retirer, faire le vide en moi. À cet effet, j'allais parfois faire le tour du bloc à Reyers. Pas poétique mais dépaysant.

Je peux très vite passer d'une situation à l'autre, mais il faut évidemment que le physique réponde présent. J'étais un adepte chaque lundi des ampoules de Ginseng force +, rien que du naturel. Je vous les recommande. Je me souviens particulièrement d'un lundi, à l'occasion du retour de Justine Henin à la compétition : j'avais passé ma journée à décrocher une interview de sa part et juste avant l'émission, au maquillage, moment de décompression par excellence, j'étais épuisé, je me suis endormi. Cinq minutes, et j'étais requinqué.

Au taquet. Le nez sur la vitre de l'actualité, toujours au pied du mur. C'est un peu dans ma nature, l'accumulation des tâches ne m'effraie pas et l'urgence m'a souvent obligé à faire preuve de créativité et d'inventivité, à puiser en moi des ressources insoupçonnées. Au taquet, c'est aussi presser le citron pour qu'il donne tout son jus. Sortir d'une émission en étant lessivé et en ayant tout donné. Telle une éponge, se mettre au service de l'info, du plaisir qu'il faut installer en s'imprégnant du produit, attentif à la trame de l'émission et à son invité. Dans ce métier, c'est le naturel qui est primordial, avec la nécessité de garder intacte son écoute et tous ses sens en éveil. Chaque lundi, une pièce différente se jouait et il fallait atteindre le générique de fin sans trébucher pour quitter la scène sans remord.

Il y a quelque chose de réellement excitant dans ce métier quand l'actualité vient bouleverser la donne. Flashback. 24 septembre 1988, Ben Johnson venait d'établir un nouveau record du monde des 100 mètres en 9 secondes et 79 centièmes et il l'avait fait devant la star cosmique qu'était Carl Lewis. À 19 heures, le lendemain de son record du monde, l'information tombe : Ben Johnson s'est dopé au Stanozolol, un stéroïde anabolisant. Il est disqualifié. De mon côté, j'étais en train de préparer les derniers ajustements à l'émission quotidienne *Soir après Soir* que j'allais présenter à 20 heures 10. Mon collègue Théo Mathy assurait le service sport du journal télévisé. Adorable, pétri de connaissances, une véritable encyclopédie vivante, Théo avait bien plus d'expérience que moi. Il était d'une rigueur extrême et de cette école qui voulait absolument toujours tout recouper. Théo ne faisait jamais de supposition à propos d'un coureur qu'il distinguait difficilement, il ne disait jamais « je crois que c'est... » ou « ce pourrait être, à moins que ce ne soit... » Non, il attendait la certitude absolue. Ce soir-là, Théo a attendu qu'une deuxième agence de presse, Associated Press, confirme l'information de Reuter qui avait annoncé en premier le dopage de l'athlète canadien. Un peu déstabilisé par le choix de Théo, j'ai pris le risque – mesuré, l'info venait d'une grande agence américaine – de bouleverser la conduite de l'émission. On a appelé des médecins, des entraîneurs, des athlètes. Ils nous ont rejoints en studio et, au fil de la soirée, d'autres informations sont venues compléter ce qui restera comme un des incidents les plus marquants qu'a connu l'athlétisme dans l'histoire du dopage.

C'est une des difficultés du métier d'informer : comment réagir face à une actualité qui perturbe les repères et les certitudes, qui va à contre-courant, à l'encontre des idées reçues, des victoires éclatantes, de l'évidence première ? Que mettre en place tout de suite pour être le plus complet ? La RTBF a quelquefois eu du mal à répondre à ces urgences, mais c'était il y a longtemps. Aujourd'hui, la souplesse des équipes de l'info et de toutes les équipes techniques permet de répondre à l'urgence d'informer au mieux et au plus vite. Les procédures sont mises en place, les réflexes sont immédiats, les grilles de programme ouvrent la place pour que s'installent des émissions spéciales. Reste à avoir les idées qui feront la différence. Il ne suffit jamais de paraître.

COACH PLUTÔT QUE CHEF

J'attache beaucoup d'importance à la construction d'une émission, au choix du sujet et à l'audace à développer. La plus-value d'un journaliste se trouve dans cette part d'imagination et de créativité qu'il peut exprimer à travers une séquence, mêlée à une exigence de qualité notamment de l'écriture pour permettre de mieux faire découvrir l'actualité, les personnes et les personnages qui la font et tout ce qui en découle. Un média de service public doit toujours faire le pari de l'intelligence. Derrière le choix du sujet, il y a encore l'angle à trouver : comment traiter la question ? Et puis, il y a la forme : comment emballer le sujet, quelles images, quel soutien musical, quel effet de montage ? Le contenu reste évidemment essentiel, avec cet élément constant dans le métier :

la rapidité. Il faut souvent faire vite avec l'actualité. Puis, il y a le montage, un moment particulièrement jouissif. On arrive au bout du tunnel, on sélectionne les images, on affine les raccords. Le graphisme aussi peut faire des miracles.

Je suis contre l'uniformisation du style, de la forme, de l'expression, de l'accent. Ainsi je ne supporte pas le ton fabriqué, chantant et très répandu qu'emploient nos collègues français aujourd'hui dans le commentaire de leur sujet – un ton en rupture de rythme. Certains dans mon équipe ont voulu imiter cette mode, je les en ai rapidement dissuadés. Moins on imite le style du voisin, meilleure sera la séquence.

Derrière chaque journaliste se cache un homme ou une femme, avec ses propres failles et ses propres faiblesses. En tant que capitaine, j'ai tenté de mettre en avant le facteur humain mais j'ai dû parfois fixer des limites, ce qui ne fut pas toujours facile pour moi. Les places sont chères partout et elles sont d'autant plus convoitées quand il s'agit de présenter un programme. Dans une équipe où tout le monde ne peut pas avoir la même exposition, il faut simplement choisir l'évidence : sélectionner celui ou celle que l'on croit le meilleur ou la meilleure.

Ce travail de coach est une préoccupation constante et un exercice délicat d'équilibriste, en veillant à ne laisser personne en chemin et à respecter le travail accompli. Dans l'embouteillage des événements sportifs programmés en septembre 2020 après le confinement, la RTBF a ainsi dû jongler un dimanche avec quatre compétitions sur deux chaînes : les championnats du monde cycliste, le premier (et le seul malheureusement) match de David Goffin à Roland-Garros, la F1 et la moto GP. La règle d'or dans ce cas, c'est le direct, et respecter cette règle peut créer des frustrations parmi les équipes. Chacun dans sa discipline a dû faire des concessions, prendre sur lui et assumer un choix de programmation qui vise l'intérêt général tout simplement.

Quand la prestation sur antenne est réussie, on oublie les obstacles qu'on a dû surmonter, les déceptions qu'il a fallu effacer et on savoure tout simplement ce qui reste, toujours, un succès d'équipe qui va bien au-delà des seuls journalistes, chroniqueurs ou consultants. Ils ne sont que la pointe de l'iceberg.

Une rédaction vit; il y a des arrivées et des départs. J'ai déjà expliqué le départ de Marc Delire. Il y a eu aussi celui d'Éric Krol, présentateur talentueux, puis un autre, plus discret, en 2009, celui de Jonathan Bradfer. En quelques années, Jonathan s'était imposé à la présentation du *Week-end sportif* qu'il portait à bout de bras. Unanimement apprécié, il avait rapidement gravi les échelons et jouissait dans l'équipe de l'estime de tous. Puis un jour, je l'ai vu entrer assez penaud dans mon bureau. Il venait m'annoncer qu'il souhaitait rejoindre le journal télévisé. C'était un beau challenge pour lui. Personnellement je l'ai ressenti comme un revers, moi qui voyais un des grands espoirs du service nous quitter, un homme d'équipe s'en aller. Il était en fait fatigué de porter, trop seul, la gestion éditoriale du programme emblématique du dimanche.

Benjamin Deceuninck a pris le relais à la présentation du *Week-end sportif* en janvier 2010, en alternance avec Gaëtan Vigneron, avant que Frank Peterkenne ne s'installe dans cette fonction, à la place de Benjamin, jusqu'en septembre 2020. Le 27 septembre, un nouveau programme a vu le jour, *100 % Sport*, avec un présentateur unique, Jérémie Baise, entouré de quelques chroniqueurs.

RTBF - VRT : LE FRUIT DE L'ALLIANCE

Luc Van Langenhove, chef des sports de la VRT depuis 2008, le média public flamand, vient comme moi de mettre fin à sa carrière.

Le couloir qui sépare nos deux bâtiments au boulevard Reyers n'est pas devenu, à l'image de certaines institutions du pays, un fossé qui s'élargit ou que l'on creuse. D'un côté comme de l'autre, Luc et moi avons gardé la main tendue et cette posture nous a rapporté gros. Luc a toujours été épris de culture française ; il ne m'a laissé que très peu de possibilités de m'exprimer dans sa langue – que je ne maîtrise pas suffisamment. Luc et moi n'avons jamais cessé d'échanger des informations. Cette collaboration nous a rendus chacun plus fort, elle nous a permis, en partageant nos constats, de mieux négocier nos contrats, par exemple. Nos rencontres à Genève, siège de l'UER qui réunit les chefs des sports des services publics de l'Europe entière, vont me manquer. C'est là que nous avons renforcé nos liens d'amitié, et c'est là aussi que nous avons réfléchi à la meilleure façon de mutualiser nos moyens. Les économies d'échelle les plus marquantes resteront celles réalisées à l'occasion des deux dernières Coupes du Monde en 2014 et en 2018 et de l'Euro 2016. C'est ainsi qu'en 2018, nous avons fait transporter par bateau en Russie les cars de captation de la RTBF pour une utilisation commune sur place. La mise en commun de l'ensemble de nos moyens de production et de transmission nous auront permis d'économiser 200 000 euros cette année-là. Sans cette mutualisation, nous n'aurions pas pu, l'un et l'autre, être aussi ambitieux et il convenait que nos ambitions soient au moins au niveau de celles des Diables. Cela a représenté un travail titanesque pour les équipes de production, merci Bart Delatouwer et Damien Detry qui ont fait la paire sur ce coup-là.

Le jeu en valait la chandelle. Le plus beau symbole de cette collaboration, ce sont les bonnettes de micro aux couleurs mixtes de RTBF.be et de Sporza utilisées pour la première fois au Brésil en 2014. Les aviez-vous remarquées ?

Luc Van Langenhove aura enrichi professionnellement mon parcours. Je continuerai de revoir mon ami du nord.

ANDERLECHT OU STANDARD ?

« Alors, Michel Lecomte : Anderlecht ou Standard ? » C'est la question qu'on m'a le plus souvent posée et cela pendant toute ma carrière. Elle est révélatrice de plusieurs choses.

D'abord, elle montre que mon objectivité est reconnue puisque, si le public a continué de me la poser, c'est qu'il ne sait pas vraiment où me positionner. D'autres se sont aussi demandé si finalement je n'étais pas plutôt carolo, supporter des Zèbres... Dans ma carrière, j'ai mis un point d'honneur à commenter aussi bien les Mauves que les Rouches, contrairement à un Frank Baudoncq ou un Roger Laboureur qui suivaient systématiquement un des deux clubs. À l'époque de ces deux monstres sacrés, la rédaction était comme coupée en deux. Un jour, Roger a même affiché un poster d'Anderlecht au-dessus du bureau de Frank, avec ces quelques mots : « Anderlecht ou le pouvoir de l'argent », laissant entendre qu'avec l'argent tout était possible... C'était une boutade, bien entendu, mais sur fond de rivalité bien réelle.

Ensuite, la question « mauve ou rouche » révèle une facette de notre univers belgo-belge où il est entendu que personne – même un journaliste, c'est quand même un comble ! – ne peut suivre de la même façon ces deux clubs phares. Il faudrait absolument « choisir son camp ». Ce besoin de cataloguer les personnages médiatiques que nous sommes existe dans les rangs des supporters, mais aussi chez beaucoup de dirigeants qui, derrière la moindre critique, voient la preuve d'un rattachement au club rival. J'ai l'impression que les choses évoluent dans le bon sens, toutefois.

J'étais supporter du Standard dans ma jeunesse mais, gamin, je ne me suis jamais réjoui des malheurs des autres clubs belges engagés dans des coupes européennes. Anderlecht y a décroché ses plus belles victoires et je les ai toujours vécues avec bonheur. Christian Piot était mon idole de jeunesse. Mais, devenu journaliste, j'ai appliqué les règles de la profession qui nous imposent non pas d'être objectifs – qui pourrait prétendre être « objectif » ? – mais de tendre à la plus grande objectivité. Et puis, qui aime bien châtie bien, dit-on généralement. Je n'ai donc pas eu de difficultés particulières à critiquer le Standard lorsque le club méritait de l'être et la période de boycott subie par la RTBF ne me l'a pas particulièrement rendu attachant ni sympathique. Parallèlement, si on aime le beau jeu, on sait apprécier le football anderlechtois dans sa tradition. Je n'ai pas oublié non plus que j'ai été insulté au Standard alors qu'avec mon cameraman, je suivais sur la touche les déboulés de Wilmots pour un reportage dans *Match 1*. Les mots « pourri bruxellois » ont sifflé dans mes oreilles, moi le gars du Condroz. Arsène Vaillant raconte qu'il a vécu des incidents un peu similaires lorsqu'il commentait – chose rare – des rencontres à Sclessin. Le public savait qu'il avait porté la vareuse anderlechtoise et se comportait avec lui de façon inadmissible, mettant presque en danger son intégrité physique. À cette époque, il fallait monter sur le toit de la tribune pour assurer les commentaires et on le faisait par une échelle de corde. Vous imaginez la scène... Dès qu'Arsène avait mis le pied sur les premiers échelons, certains supporters liégeois balançaient l'échelle. Les infrastructures du club ont bien entendu changé depuis, mais des supporters énervés, cela existe encore et ils peuvent prendre des journalistes comme boucs émissaires ; on en a tous fait les frais.

J'ai été fan de Roger Claessen et du petit Léon Semmeling mais j'ai aussi des frissons en évoquant Robbie Rensenbrink et plus encore Paul Van Himst. Paul, c'est l'ami d'Eddy et voir l'un sans l'autre n'est pas fréquent. La marque de fabrique de « Polle Gazon », quatre fois Soulier d'or, 81 fois international, meilleur joueur belge du siècle passé, c'est une nouvelle fois l'humilité, la gentillesse. Des gars pas compliqués, Paul et Eddy. Pas déformés par la carrière ou la notoriété.

L'opposition Anderlecht-Standard a atteint des sommets – des abîmes, devrais-je écrire – en 2009. Au lendemain du match au cours duquel la jambe de Wasilewski se brise dans une image qui ferait frémir n'importe quel dur à cuire, je suis convaincu qu'il y a eu une prise de conscience de la part des médias : nous avons une responsabilité dans le fait d'alimenter la rivalité entre les deux clubs, qui n'avait jamais atteint un tel niveau d'agressivité. Il était temps de calmer le jeu dans cette atmosphère nauséabonde, de revenir aux fondamentaux du foot. Le club de la capitale et celui de la principauté ont eu besoin de longues semaines pour que s'apaisent les tensions et pour signer une *pax romana* en terrain neutre au château d'Opheylissem. Les torts étaient partagés mais la presse devait également balayer devant sa porte. Les préfaces d'avant-match avaient nourri le conflit et pourri le contexte pour ce qui n'est, finalement, qu'un match de foot. Je me souviens qu'un journal avait publié en première page l'image de deux tanks se faisant face, l'un mauve, l'autre rouge. Quand on sait ce que représente l'horreur d'une *vraie* guerre, on ne peut cautionner ce type de mise en scène. Je déteste le langage guerrier. Les passions suscitées par ce jeu doivent rester saines. Elles ne l'étaient plus.

Après cette rencontre, l'arbitre du match, Jérôme Nzolo, témoignera en studio de son désarroi. Il ne masquera pas sa tristesse : « Nous sommes en train de perdre notre sport qui n'a plus du tout tendance à être un jeu, un jeu que nous aimons tant. » Le sage Jérôme avait tout dit ce soir-là : *le sport, c'est d'abord un jeu.* J'ai été frappé par sa peine, sa candeur et sa sincérité. On avait cassé quelque chose en lui. Il avait rêvé de devenir arbitre et il se demandait comment il avait pu être amené à diriger une telle rencontre. Son sourire légendaire s'était figé. Il était dans un état d'esprit proche de mon collègue Arsène Vaillant le soir du drame du Heysel. Jérôme n'a plus été le même homme après ce match. Lui qui venait pourtant d'être désigné arbitre de l'année, je pense qu'il a perdu ce jour-là une partie de ses repères et que cela l'a déstabilisé pour la suite de sa carrière. Benjamin marquera à sa façon, lui aussi, sa profonde amertume en parlant du foot « abhorré ». C'est pour cette raison que, tout au long de la saison qui a suivi, il a rédigé sa « minute optimiste » qui a fait du bien à tout le monde.

ELLES

Promouvoir l'émancipation individuelle et encourager la cohésion sociale sont deux engagements primordiaux pour un média de service public. Les missions à ce propos sont claires et, à chaque contrat de gestion, de plus en plus affirmées, même si le chemin à parcourir pour faire de cette égalité sur papier une réalité sur le terrain est encore long.

En sport, ce sont les prestations et les victoires qui ouvrent les portes de l'exposition médiatique, peu importe le sexe du champion ou de la championne. La meilleure preuve, c'est Kim Clijsters et Justine Henin qui nous l'ont donnée. Notre pays n'avait jamais connu une période où deux Belges jouaient au même moment à un tel niveau. Elles ont décroché de grandes victoires et ont fait des audiences phénoménales. On parlait peu des tennismen à ce moment-là, tout simplement parce que les hommes performaient moins que les femmes. Pas besoin de quotas quand tout est bien dans le meilleur des mondes. *The winner takes it all.* Ce fut vrai en athlétisme avec Tia Hellebaut ou Kim Gevaert, en judo avec Ingrid Berghmans, en natation avec Ingrid Lempereur pour un épisode inoubliable aux Jeux olympiques de Los Angeles – sa fameuse médaille de bronze en finale du 200 mètres brasse. Ensuite, le balancier repart dans une autre direction et c'est David Goffin qui fixe l'attention des médias en tennis, puis Nafissatou Thiam en athlétisme.

Mais la place des femmes est aussi à garantir en dehors des visages des championnes : elle doit se retrouver au sein de l'équipe de la rédaction, parmi les journalistes mais aussi au niveau des équipes de production ou de réalisation. J'ai assisté, puis encouragé à la féminisation progressive de la rédaction. J'ai eu la chance de travailler avec Cécile Gonfroid comme réalisatrice, dès 1985. Elle était la première femme de la rédaction. Novatrice, audacieuse, elle aura marqué de son empreinte le sport à la RTBF, que ce soit dans des captations de matches ou des réalisations de programmes comme *Mexigoal*. Avec elle, les idées jaillissaient pour exposer le sport au quotidien. Ses qualités et sa personnalité l'ont amenée aujourd'hui au poste de directrice générale des technologies.

Au cours des années, Soda, Véronique Barbier, Ophélie Fontana, Caroline Hicq, Barbara Louys, Anne-Laure Macq et Ludivine Dedonder, l'actuelle ministre de la Défense, sont apparues ponctuellement dans nos programmes. Aujourd'hui, dans la rédaction, Charlotte Delwarte, Gaëtane Vankerkom, Lise Burion, Christine Hanquet, Alice Devilez, Sarah Mottard, Armelle Berck et Christine Schréder occupent une place en vue, de même que Raffaella Raschella, unique dans sa fonction de réalisatrice, ma proche collaboratrice, Karin Kalek, et Catherine Vanden Perre, une productrice avec laquelle j'aurai partagé un long chemin, notamment dans les assemblées sportives de l'UER.

Pour la petite histoire, Anne Ruwet a effectué son premier stage à la RTBF avant d'être engagée par le Standard,

AB 3, puis RTL. Progressivement, elle n'a pas cessé de monter en puissance et de gagner en visibilité, pour présenter seule aujourd'hui et avec beaucoup d'aisance la Champions League. Ai-je manqué de jugement ou d'audace en ne l'engageant pas ? C'est plus compliqué que cela. Une carrière est aussi une question de concours de circonstances. À l'époque, la RTBF n'avait pas l'offre foot actuelle et je n'étais pas en mesure de lui proposer un challenge comme celui que j'ai confié à Christine Schréder pour l'Europa League, une émission présentée par une femme, produite par une femme, réalisée par une femme.

Depuis septembre 2020, sur le plateau de *La Tribune*, Cécile De Gernier fait preuve d'une réelle autorité.

Par ailleurs, la RTBF doit aussi s'interroger sur le rôle qu'elle joue en privilégiant les grands événements sportifs – principalement masculins, il faut le reconnaître – dans ses achats de droits ou ses choix de production : comment exposer des sports moins « vendeurs » ? Rien n'est simple dans ce monde régi par l'offre et la demande. Le public a une tendance naturelle à chercher l'exploit et il faut saisir toutes les occasions qui se présentent pour exposer des sports plus confidentiels. Il y a donc des choix à faire, des équilibrages, des arbitrages parce que les grilles de programmation ne s'ouvrent pas selon notre bon vouloir, ni les cordons de la bourse. C'est une des facettes du métier de rédacteur en chef des sports.

On observe un changement progressif dans les mentalités et un intérêt plus important du public pour les athlètes féminines qui performent ces dernières années. Je songe aux Red Flames (foot), aux Belgian Cats (basket), aux Red Tornados (athlétisme), aux Red Panthers (hockey) et au cyclisme. Le succès de la dernière Coupe du Monde féminine de football en 2019 avec la victoire des États-Unis, emmenés par Megan Rapinoe, a certainement marqué un tournant. La finale a été commentée brillamment par deux femmes, Lise Burion et Cécile De Gernier, et a été suivie par 180 000 téléspectateurs, soit davantage que la finale du championnat d'Europe de hockey que l'équipe masculine belge a pourtant remportée le même week-end.

« SE DÉPASSER POUR S'ATTEINDRE »

Si le rôle des médias est déterminant dans les changements en cours, celui des fédérations et des organisateurs l'est tout autant. Il est significatif de voir à cet égard que pour la première fois, en 2020, le cahier des charges de la Pro League de football contient un lot sur le championnat féminin. Et s'il est un sport émergent qui a particulièrement progressé ces dernières années, à savoir le hockey, tant chez les hommes que chez les femmes, il le doit en partie au travail remarquable de Marc Caudron à la tête de la fédération et un des dirigeants à prendre en exemple dans le sport belge.

Enfin, la RTBF doit donner une visibilité à des sportifs ou des sportives issus de tous les milieux et de toutes les origines. C'est toute la question de la diversité. Il est extrêmement important que le public, sous ses multiples visages, se sente représenté dans les médias. Il reste du pain sur la planche mais le train est en marche, comme nous le montre le nouveau rendez-vous *100 % Sport*.

Notre collaboration avec les télés locales autour du football amateur est aussi le signe de cette proximité avec notre public qui se retrouve dans ces clubs. De son côté, la plateforme digitale Auvio peut permettre d'exposer des sports plus confidentiels. Enfin, le regard de la société sur les performances sportives des athlètes dits « moins valides » a aussi changé. Notre rôle est de continuer à faire évoluer positivement ce regard. L'année 2021 sera non seulement très sportive mais également très paralympique avec les Jeux de Tokyo, une occasion pour la RTBF de dresser le portrait de ces femmes et ces hommes que le sport a transcendés.

« Se dépasser pour s'atteindre » : cette citation inspirante de Marcel Moreau ne visait pas le sport mais elle s'applique aussi à lui. C'est une maxime de vie universelle.

WILLY, SANS FILTRE

Marc Wilmots a été un grand joueur et j'apprécie la personnalité, la spontanéité, un peu brute de décoffrage, de ce bosseur, fils d'agriculteur. C'est ce qu'on appelle un bon client. Son langage est à l'image de son style de jeu : franc et direct. Il n'a pas de frein, il ne se met pas de filtre, il donne des infos et il a un point de vue. Il y va. Il délivre, Willy, et on lui pardonne volontiers ses quelques erreurs de syntaxe.

Il y a du Goethals chez Wilmots : quand on croit qu'il va arrêter de parler de foot, il en parle encore jusqu'à plus soif. À chaque fois que j'ai l'occasion de le croiser, c'est le foot et encore le foot qui est au centre de nos conversations, si on met de côté les quelques allusions à la vie agricole à propos du dernier tracteur acheté dans la ferme familiale. Comme Goethals, Wilmots est capable de s'arrêter en plein repas pour dessiner un dispositif tactique sur un set de table – Raymond faisait ça au dos d'un carton de bière. Savoureux, il ferait un excellent chroniqueur dans *La Tribune*. J'ai bien essayé de le convaincre avant qu'il ne soit engagé par l'Iran dans sa dernière expérience en date en tant qu'entraîneur – une expérience qui a tourné court. *La Tribune*, il n'était pas contre mais le terrain, c'était tellement plus excitant et... tellement mieux rémunéré aussi. Je sais que Marc s'est positionné pour succéder à Michel Preud'homme au Standard. Son message était à peine voilé dans une interview qu'il avait accordée à Pierre Deprez à l'époque, tandis que l'un ou l'autre intermédiaire se chargeait de le faire savoir à la direction du club. Personnellement, je pense qu'un Wilmots à la tête d'une équipe de notre championnat, ça en vaut d'autres, et pour les interviews, ça nous aurait écartés d'une langue de bois devenue monnaie courante.

Et puis, ce n'est pas comme si nous n'avions jamais travaillé ensemble, lui et moi. En 2010, Marc accompagne Rodrigo Beenkens en Afrique du Sud en tant que consultant. Les deux hommes se connaissent et s'apprécient. Rodrigo aime beaucoup cette approche-là du foot mais leur premier exercice en duo se passe en demi-teinte et je comprends très vite que les commentaires du jour, trop tactiques, risquent de perdre notre public. Un échange constructif avec eux suffira à les placer sur les bons rails. Rapidement, l'entre-soi technique fait place à la complicité, la légèreté et l'humour. Suivant le vieil adage de Marc Jeuniau, notre maître à tous, Rodrigo et Marc laissent enfin « parler l'image », faisant éclore une association de commentateurs parmi les plus performantes qui aient existé.

Le duo restera en place jusqu'au jour où Marc sera désigné entraîneur des Diables Rouges. Avec lui, ils se qualifieront enfin, après de trop longues années, pour un tournoi final au Brésil, puis en France. Le football a ceci de particulier que, pour certains, lorsque l'équipe tourne bien, c'est aux joueurs qu'on le doit, et lorsqu'elle tombe sur un os, c'est la faute de l'entraîneur. Marc a été critiqué, surtout du côté flamand, pour son soi-disant manque de maîtrise tactique : ce fut le cas lors des défaites 1-0 contre l'Argentine en 2014 et 3-1 contre le Pays de Galles deux ans plus tard, laissant ainsi sans voix son ex-complice Rodrigo associé cette fois à Philippe Albert dans le stade Pierre Maurois de Lille. Le coup fatal lui sera porté par Thibaut Courtois, très critique dans son interview dès la fin du match.

Quoi qu'on puisse penser des qualités de Marc Wilmots, cet homme aura eu le mérite de créer un groupe, d'obtenir des résultats et de produire du beau football. Il nous a enthousiasmés avec, c'est vrai, une génération de joueurs particulièrement douée. Dans certains cas, il a manqué de souplesse, il n'en a fait qu'à sa tête. Et on ne connaîtra jamais l'épaisseur de son charisme auprès du groupe. Mais la page est tournée.

Avec Roberto Martinez, un homme élégant sous tous rapports, apprécié par l'ensemble de ceux qui le côtoient, la Fédération belge, Mehdi Bayat en tête, a choisi un profil très différent et une maîtrise apparemment parfaite mais très lisse de la communication. Totalement imprégné de sa mission, il a donné un autre souffle aux Red Devils. Mais il a failli perdre tout son crédit à Rostov en huitième de finale face au Japon dans la dernière Coupe du Monde, avant de réussir un des plus grands exploits de notre histoire : une victoire contre le Brésil en quart. Dans ce contexte, plus douloureuse fut la chute ; l'élimination face à la France continue de faire mal. On attend le prochain Euro en 2021, qui sera un peu le tournoi de la dernière chance.

Alors la tactique ? Le football reste une roulette russe que fait tourner la glorieuse incertitude du sport. Le Japon, vous vous en souvenez, menait 0-2 et il cherchait à marquer le but de la victoire alors que nous étions revenus à 2-2. C'est après un coup de coin en leur faveur que nous avons marqué sur une contre-attaque de feu à la toute fin du match, et qui nous valut ce cri du cœur de Philippe Albert, devenu culte : « Je l'ai dit, bordel ! ». Vive le sport.

EDEN, DANS LE JARDIN DE LA GRAND-PLACE

Malgré sa réserve naturelle, Eden Hazard a pris sa place comme capitaine des Diables sur le terrain et en dehors. Sa prestation sur le balcon de l'hôtel de Ville de Bruxelles après l'épopée russe en est la preuve éclatante. Comme des milliers de supporters en ce 15 juillet 2018, j'ai rejoint la Grand-Place en simple touriste et ce sont tous les souvenirs du retour de la campagne mexicaine de 1986 qui me sont revenus à l'esprit. Les joueurs, après avoir traversé la capitale en bus à impériale, acclamés par une foule joyeuse, se sont présentés au bourgmestre et ont ensuite tous pris le temps de me serrer la main dans la cour intérieure de l'hôtel de Ville, juste avant de monter le grand escalier de la salle de réception. Un peu ému, je l'avoue, mon âme d'enfant a refait surface...

Philippe Close, mayeur de Bruxelles, m'a confié aussi ce jour-là que les joueurs avaient émis le désir de manger... des frites ! Encore fallait-il trouver quarante portions. Ni une ni deux : le bourgmestre a appelé Hassan Lacy, le patron d'une des friteries les plus connues du centre-ville, qui s'est exécuté rapidement, ravi de pouvoir participer à sa façon aux festivités. Des frites, des fricandelles, de la mayo, du pickles : on oublie les plus élémentaires notions de diététique. C'est la fête, tout est permis. On connaît la suite : les «p'tits Belges» sont sortis sur le balcon, le plus petit d'entre eux, Dries Mertens, a ouvert le bal en faisant son speech à genoux – un peu de dérision ne fait jamais de tort – et Kevin De Bruyne est entré dans l'histoire en répétant son légendaire «je m'en bats les couilles» à la demande d'Eden. Et le capitaine de reprendre, dans une forme olympique, l'hymne « *waar is dat feestje* » (je ne suis pas sûr qu'il l'ai bien prononcé...

mais on lui pardonne). Le pari est réussi, la Grand-Place est comble, la communion avec le public est totale.

J'ai bien conscience ce jour-là que c'est la dernière fois que je peux vivre un moment aussi exceptionnel. En me promenant dans la foule pour bien en prendre la mesure, les gens m'arrêtent, me disent merci, un remerciement collectif pour tout ce que les équipes de la RTBF leur ont montré pendant cette Coupe du Monde. Ce sont de vrais moments de bonheur et une grande fierté que je ressens quand je me rends compte qu'avec toute l'équipe et sur toutes les plateformes, nous avons réussi à créer de la cohésion sociale.

Et puis cela me sort d'une grosse frustration subie après la Coupe du Monde 2014, où les Diables avaient défilé en accéléré sur un petit podium sans allure en face du Palais Royal alors que le public arrivait en masse. Cette « prestation » avait duré vingt minutes, montre en main. Alain Courtois, échevin des Sports de la ville, toujours très sensible à mettre en avant les sportifs belges dans la capitale, n'était pas parvenu à convaincre la Fédération qui, elle, n'avait pas réussi à imposer à Marc Wilmots un vrai moment de partage entre les joueurs et les supporters. Ce qu'elle aurait pourtant dû faire. En 2016, après l'Euro et la débandade galloise, ce fut pire encore. Rien n'avait été organisé. Les dirigeants du football belge doivent comprendre que l'échange avec le public est fondamental. C'est aussi une question de respect pour le public qui accorde un crédit énorme à ses Diables et à une personnalité comme Eden.

Les premières images d'Eden Hazard n'avaient pas laissé planer de doute. Ce gamin était une pépite et il sera très vite considéré comme un grand espoir de notre football. C'est à Lille qu'il a explosé, rapidement courtisé par Liverpool et déjà par le Real. Paul Van Himst avait une expression magnifique à son propos alors qu'il en était seulement à ses débuts à Lille : « Tu le mets à Barcelone et *il joue avec.* » Eden, j'admire évidemment ses dribbles, ses accélérations, sa vision de jeu, son fair-play et sa simplicité, mais aussi sa capacité à atteindre le juste équilibre, à mettre à distance les événements. C'est en rencontrant ses parents qu'on comprend que cette disposition n'est pas le *fruit du hasard*. Les gènes n'ont pas été neutres. L'éducation non plus.

Qu'il est loin, le garçon blessé et même vexé venu en 2011 à *La Tribune* après l'épisode du hamburger, à l'occasion duquel Georges Leekens avait voulu lui donner une leçon (l'entraîneur l'avait remplacé lors de Belgique-Turquie et le joueur avait été vu ensuite en train de manger un hamburger devant le stade alors que la rencontre n'était pas terminée...). Eden se lâchera un peu au démaquillage, et l'entraîneur des Diables aura droit à quelques coups de griffe. L'opposition de style était manifestement trop grande entre le petit génie à l'état brut et le grand Georges qu'on a toujours surnommé « Long couteau » pour ses tacles particulièrement agressifs lorsqu'il était joueur. On ne s'étonnera pas que le même entraîneur ait eu aussi quelques lourds problèmes à gérer avec un de nos plus grands talents dans un mandat précédent chez les Diables : Enzo Scifo a été très régulièrement et cyniquement la cible de Leekens qui s'enorgueillissait d'avoir mis au pas cet autre artiste. Avec Eden et Enzo, « Long couteau » a fait fausse route.

« Hazard-Benteke : réunion de famille » a ouvert notre campagne de Russie en 2018. Un documentaire que la RTBF a coproduit autour du lien presque fraternel qui existe entre ces deux vrais amis. Deux visages authentiques devant les caméras de Thomas Bricmont, loin des fastes du foot business. Si vous n'avez pas vu cette émission, allez la voir en replay ; c'est une belle histoire de famille, une histoire pas banale. Les footballeurs, contrairement à certaines croyances, ont encore des choses à dire. Il faut leur donner du temps et, du côté des journalistes et des réalisateurs, il faut aussi le prendre.

« Benteke-Hazard », c'est Doublepatte et Patachon, c'est le noir et le blanc, c'est Droixhe et Braine-le-Comte, c'est la Belgique multiculturelle comme je l'aime, celle qui embarque tout le monde dans le même bateau et qui vogue vers un objectif commun, poussé par le vent favorable qui peut parfois s'engouffrer dans les voiles de notre pays. C'est aussi le football comme je l'aime avec son langage universel et des valeurs qui font mouche dans la bouche d'Eden quand il déclare : « Dans une autre vie, j'ai dû être Africain. » Pour lui, rien, jamais, ne semble poser problème. Sa décontraction est sa force, celle-là même que certains ont voulu lui reprocher. Il est arrivé au Real Madrid en 2019, le club de ses rêves, mais son intégration reste difficile. Les blessures se sont succédé et l'ont empêché de rayonner. Il faut encore que le brouillard se dissipe. Zidane compte toujours sur lui.

Je sais que je suis évidemment injuste en ne parlant que d'Eden. Il est clair que Vincent Kompany, Axel Witsel (dont Wilmots a toujours dit : « C'est le premier que je mets sur la feuille. »), Marouane Fellaini, Thomas Meunier, Kevin De Bruyne ou Thibaut Courtois mériteraient à eux seuls des éloges spécifiques. Mais je mettrai mon dernier projecteur sur Romelu Lukaku et ses progrès constants, fruit de son infaillible volonté d'aller toujours plus haut. Sa feinte sur le troisième but contre les Japonais, son dribble puis son accélération pour retourner toute l'équipe brésilienne et lancer De Bruyne sur le deuxième but, sont aussi la marque de son talent. Ses détracteurs ont manifestement dépassé les limites de la bonne foi, Stéphane Pauwels en tête.

CHANTONS FRANÇAIS

Je n'abandonnerai jamais sur une chaise le journal du matin, ou plutôt la tablette avec les journaux du matin. La chanson de Stephan Eicher, *Déjeuner en paix*, est de celle qu'on peut chanter en solo ou en groupe. Ce n'est pas parce que « les nouvelles y sont mauvaises d'où qu'elles viennent » ; ce n'est d'ailleurs pas vrai en sport où aux défaites succèdent des victoires – enfin, pas toujours. Le tube du Suisse, c'est un must.

En matière de chansons françaises, je suis relativement *old school*. Inconditionnel de Starmania, l'opéra rock de Michel Berger et Luc Plamondon, prémonitoire et toujours d'actualité, je connais mes classiques. Je suis plus Brel que Brassens, j'aime la rage poétique de Ferré mais j'ai un faible pour un ovni : Gérard Manset, à l'évidence un *solitaire*, qui m'a fait *voyager* bien au-delà de son tube de 1975. Un poète aussi : « Que je sois cette mûre, cette simple cerise accrochée contre un mur, qu'elle me voie par sa paume attrapée, je resterai sans voix par sa lèvre touchée. »

D'une manière générale, je reste à l'affût de cette magie qui fait qu'une chanson tombe dans l'oreille au premier coup. La dernière en date : Noé Preszow. Quelques mots bien agencés, une mélodie qui colle : je suis bon public dans ces cas-là. J'aime Miossec (« Que devient ton poing quand tu tends les doigts ? »), Le Forestier, Lafontaine, Berger, Souchon, Balavoine, Hardy, Voulzy, Renaud...

Entre sport et chanson française, j'ai connu quelques ponts inattendus. En 1986, pendant *Mexigoal*, Francis Lalanne est ainsi venu chanter a capella – il refuse le playback, ce qui est plus compliqué pour la technique – *La maison du bonheur*. Il enchaînera sur le foot qu'il suit de très près. Ce fut un bon moment. Un autre amateur inconditionnel du ballon rond nous fera l'honneur de sa présence : Salvatore Adamo, sans doute le plus célèbre fan d'Enzo Scifo dont il défendait systématiquement la cause – à raison.

Philippe Lafontaine nous a aussi rendu visite en 1988 à l'occasion des JO de Séoul, interprétant un *Alexis m'attend* en clin d'œil aux Russes qui trustaient les médailles (avec ou sans dopage ?). Maxime Le Forestier, lui, a pris le temps de nous expliquer toute son admiration et sa passion pour l'harmonie du couple cheval-cavalier en dressage, une discipline olympique de l'équitation.

En 1994, à l'occasion des adieux de Roger Laboureur, plusieurs Diables Rouges sont en studio. Albert, Wilmots, Preud'homme, Degryse participent à cette soirée que présente Guy Lemaire, grand connaisseur de sport lui aussi. Francis Cabrel en personne nous accompagne à la guitare, Marc Delire et moi, sur l'air de *C'est écrit*. Cela donnait du « Tout petit à Andenne, tu jouais Luc Varenne / Tu criais goal goal goal pour que tout le monde rigole / Mais quand tu nous quitteras, on aura l'air de quoi ? / On n'en sort plus de ton histoire, ni la nuit ni le jour / Il est là dans votre mémoire, aujourd'hui pour toujours ». Une archive dans laquelle on ne retiendra pas ma prestation vocale, plutôt fluette. Durant notre brève répétition, Francis Cabrel, très gentiment, avait bien essayé de hausser mon niveau, sans succès. Heureusement, Marc Delire a fait le job. Roger était content.

Mais le plus fidèle d'entre tous aura sans nul doute été Marka, Serge Van Laeken de Molenbeek-Saint-Jean, un connaisseur pointu du football. Un assidu de *La Tribune*. Il est souvent venu chanter devant nos caméras, sur des textes originaux inspirés des matches de la veille et il était particulièrement en verve quand on évoquait Môôôôlenbeek et son stade Machtens qui accueille toujours la plus folklorique fanfare du pays. Un pur, un vrai, ce bon Serge.

Laissez-moi partager avec vous ces paroles de Claude Lemesle, chantées par un autre Serge (Reggiani) : « Il faut vivre / L'azur au-dessus comme un glaive / Prêt à trancher le fil qui nous tient debout / Il faut vivre partout, dans la boue et le rêve / En aimant à la fois et le rêve et la boue / Il faut se dépêcher d'adorer ce qui passe » et, pour conclure, « Il faut vivre d'amour, d'amitié, de défaites / Donner à perte d'âme, éclater de passion / Pour qu'on puisse écrire à la fin de la fête / Quelque chose a changé pendant que nous passions. »

NAMUR, MA VILLE-CAPITALE

Je suis né condruzien, véritable rat des champs, mais j'habite Namur. Depuis 45 ans, c'est ma ville. Nul n'ignore l'impact du lieu où l'on dépose sa vie. Dis-moi où tu habites, je te dirai qui tu es... Ma ville à moi est une belle endormie roulée en boule au pied de la Citadelle et qui s'étend nonchalamment le long de la Meuse et de la Sambre. Rien à voir avec ses voisines, Liège et Charleroi, plutôt insomniaques et fêtardes. Elle est plus sage et timide, à l'instar de Mons et Tournai. Namur a le sommeil presque trop facile mais ne nous y trompons pas : elle dort, mais derrière ses rues plutôt calmes, parfois silencieuses, elle rêve et elle s'agite. Elle cogite des plans, elle échafaude des saisons artistiques pour ses lieux culturels, comme autant de phares dispersés dans la ville : le Théâtre, le Delta, les Abattoirs de Bomel, le Théâtre Jardin Passion, la Maison de la Poésie. Elle ouvre les bras au Fiff, le Festival international du film francophone. Elle plonge le nez dans la littérature avec l'Intime Festival créé à l'initiative d'un des siens, Benoît Poelvoorde. Elle fait péter les décibels dans ses festivals d'été. Elle s'éclate aux Fêtes de Wallonie. Elle encourage Félicien Rops pour qu'il continue à déployer toute sa provocation dans le musée qui l'abrite. Elle installe des plages en bord de Meuse. Elle chouchoute les cyclistes. Elle enjambe joyeusement le fleuve à la hauteur du confluent qu'elle a entrepris de fouiller, forer, aménager, embellir depuis... oh très longtemps déjà. Elle surprend, elle séduit.

Dans cette effervescence, elle peut monter en puissance, avoir confiance, multiplier les audaces. Que peut-il lui arriver à l'abri de sa Citadelle ? Elle aussi soigne sa tenue. Elle n'a pas lésiné sur son budget. Elle est magnifique. Elle attend votre visite.

Moi, j'habite en bord de Meuse et quand Namur s'éveille dans la lumière matinale, je ne souhaite rien d'autre que « être là ».

WORLD OF FOOTBALL ET SALE FOOTBALL

Ma passion du football s'allume quand je rencontre dans mon bureau une bande de jeunes qui viennent avec un projet de séquences pour promouvoir la puissance du foot sur la diversité et sa valeur ajoutée dans nos sociétés, au-delà des religions ou des couches sociales. Ils ont besoin d'un coup de pouce financier et la RTBF leur fait confiance, avec comme résultat de superbes séquences diffusées lors de la Coupe du Monde 2014 au Brésil. On y voit notamment des moines bouddhistes népalais quitter leur monastère dans l'Himalaya pour disputer une partie, certains pieds nus, sur un terrain escarpé. Ce sont des images qu'on n'oublie pas, et des témoignages qui bousculent. « On ne peut pas uniquement méditer dans la vie, c'est une question d'équilibre », nous confie l'un d'eux qui avoue s'adonner à ce sport deux fois par semaine. Comme quoi le foot peut comporter aussi, d'une certaine façon, une dimension spirituelle...

Quatre ans plus tard, à l'occasion de la Coupe du Monde en Russie, ces mêmes jeunes, toujours inspirés par l'envers du décor, réaliseront un documentaire de 52 minutes avec des malentendants belges présents dans les stades russes et informés du déroulement de la partie par un commentateur sur place : Jean-Marc Streel, une des voix de votre radioguidage.

Dans le même ordre d'idées, le collectif Huma a bénéficié d'une bourse de l'Association des journalistes professionnels pour promouvoir le football féminin dans le monde à travers des reportages photographiques. Le confinement les a obligés à fermer l'exposition itinérante qu'ils avaient lancée, mais la RTBF les a soutenus en produisant huit reportages signés par nos collègues autour des photos réalisées par le collectif. Une façon de valoriser aussi les « bienfaits » du sport-roi que l'on peut observer aux quatre coins de la planète, et notamment le club de Kraainem qui s'est fixé comme priorité d'intégrer des réfugiés dans ses équipes.

Malheureusement, le monde du football, on le sait, présente certaines facettes nettement moins glorieuses. Dans ma carrière, plusieurs sales dossiers ont terni son image : l'affaire Standard-Waterschei (où les joueurs liégeois – poussés dans le dos, ont-ils dit, par le secrétaire général du club, Roger Petit, et l'entraîneur, Raymond Goethals – ont reconnu avoir cédé leurs primes de match aux joueurs limbourgeois, avant la rencontre, pour que ceux-ci lèvent le pied, avec au final une victoire synonyme du titre en 1982); l'affaire Anderlecht-Nottingham (où le président bruxellois, Constant Vanden Stock, a reconnu avoir « prêté » de l'argent à l'arbitre de la rencontre, un match que le club gagnera 3-0 alors qu'il avait perdu 2-0 au match aller); l'affaire Yé des paris sportifs et des matches truqués, et, depuis 2018, le Footballgate : une sombre affaire, toujours en cours, de fraude fiscale, de blanchiment d'argent, de rétrocommission, de faux et usage de faux, avec pour certains des accusations de corruption et de trucage. Des agents de joueurs sont arrêtés ou inculpés : Dejan Veljkovic, qui, bénéficiant du statut de repenti, balance toute une série de noms; Mogi Bayat qui passe 53 jours en prison; Christophe Henrotay; Didier Frenay; Patrick De Coster. Deux arbitres sont mis en cause : Sébastien Delferière et Bart Vertenten; un entraîneur, Ivan Leko; un ex-dirigeant d'Anderlecht, Herman Van Holsbeeck... Des clubs sont cités, comme Malines et Waasland-Beveren.

Le footballgate a mis en lumière le rôle des agents de joueurs, parfois aussi agents de clubs. Il paraît évident qu'on les a *laissé faire*, dans un système où les commissions ne sont pas plafonnées et les conflits d'intérêts multiples. Le dossier judiciaire va encore nous réserver des surprises, en espérant qu'enfin – on peut rêver – le football applique le principe de transparence.

Dans ces moments-là, on a juste envie de dire stop au football business. C'est gavant. Le dégoût est d'autant plus prononcé que le football n'a pas le monopole des *affaires* : le dopage notamment en athlétisme ou en cyclisme ; la corruption par exemple du temps de l'ancien grand patron de la F1, Bernie Ecclestone, qui jettera finalement le gant après avoir acquitté une amende de 100 millions de dollars à la justice allemande pour mettre fin à un procès pour corruption et lui épargner toute poursuite – ce qu'on appelle un blanchiment judiciaire pour ce qui constitue 1/400e de sa fortune personnelle, évaluée à 40 milliards.

Dans ma carrière, je n'ai pas éludé les dossiers secouant le monde du sport et j'ai tenté d'en expliquer les tenants et les aboutissants, souvent il est vrai avec un goût amer en bouche. La justice doit encore se prononcer sur le Footballgate et ce livre n'est pas le lieu d'une investigation judiciaire ; je n'ai d'ailleurs pas tous les éléments pour me prononcer sur le fond. Mais il faut se donner les moyens d'une enquête journalistique approfondie sur ces dérives. Le reportage de Thierry Luthers et Patrick Remacle sur les agissements en coulisse de certains acteurs du foot est le signe de notre indépendance. Rien ne doit être épargné. Ce n'est pas parce que la RTBF signe un contrat, qui en fait un partenaire de la Pro League, qu'elle s'empêche de traiter en profondeur la corruption, la fraude ou les commissions occultes. Le foot n'est pas à l'abri des comportements mafieux. C'est à l'échelle de la planète mais la Belgique semble en être bien imprégnée.

Et puis, il suffit d'un match des Diables ou de l'éclosion d'un jeune comme Busy, Raskin ou Doku, et je repars sur un nuage. C'est peut-être de la naïveté, c'est sûrement de la candeur, mais en voyant aussi tous les jeunes éclore dans mon club à Namur, je reste convaincu des valeurs positives qu'engendre ce sport. Ma passion du football est restée intacte.

D'ABORD FESTINA, PUIS ARMSTRONG

C'est peu dire que le cyclisme a été secoué par des affaires de dopage. Personne n'a oublié l'affaire *Festina* qui a fait vaciller le Tour de France 1998 lorsque la police a découvert de l'EPO dans le coffre de la voiture de Willy Voet, le soigneur belge de l'équipe. Mais ce scandale a aussi considérablement déstabilisé les télévisions détentrices des droits, dont la RTBF. Comment un média peut-il continuer à relayer un événement sportif lorsque la probité des participants et la légitimité des vainqueurs sont continuellement mises en cause, voire condamnées par les instances sportives ou la justice ? Mais le pire était encore à venir. L'année suivante, Lance Armstrong gagnait le premier de ses sept Tours de France...

Directement après l'affaire *Festina*, nous avons envisagé avec les télévisions détentrices des droits et membres de l'UER (l'Union européenne de radiodiffusion) une diminution de prix si l'épreuve était entachée de tricheries. Mais comment évaluer cette réduction et quels critères utiliser ? En Allemagne, la ZDF a renoncé à couvrir le Tour de France alors qu'elle était sous contrat avec l'organisateur ASO. Pour apprécier au plus près cette décision, il faut savoir que Jan Ulrich, le coureur allemand, n'était plus dans le peloton et qu'il n'y avait pas d'autres Allemands susceptibles de se mettre en lumière dans la grande boucle. On a appris plus tard que, dans ces années de dopage auquel manifestement Ulrich avait participé, la ZDF octroyait des primes à ce coureur en cas de victoire d'étapes sur le Tour. Une incitation à la performance synonyme de meilleures audiences, avec tous les risques que cela comporte.

Mais je ne blâme pas la ZDF qui, en 2010, a réalisé une interview remarquable de Lance Armstrong au Tour du

Luxembourg, juste après les graves accusations de dopage systématisé lancées par son ex-coéquipier, Landis. Des questions directes, *right to the point* et un Lance qui démentait sans se démonter et qui n'a plus jamais accordé d'interviews à la ZDF. Toutes les chaînes ont repris cette interview, qui est aussi passée dans *Le Week-end sportif.* À l'époque, personne dans notre rédaction n'avait osé aborder Lance Armstrong de cette manière. Il évitait les journalistes – et surtout les questions dérangeantes. Il faut beaucoup de cran pour affronter les stars face aux accusations dont elles font l'objet. C'est d'autant plus difficile lorsqu'elles n'ont pas été suspendues par le pouvoir sportif. En attendant, pendant toutes ces années, on a porté l'Américain aux nues, à la RTBF aussi. Au moment des révélations, Rodrigo Beenkens était forcément dépité, comme déboussolé dans cette perte de repères. Il lui a fallu un peu de temps avant de retrouver le feu sacré.

Au final, Lance Armstrong ne sera sanctionné et ses sept titres ne lui seront retirés par l'Union cycliste internationale qu'en 2012, après les révélations de l'agence américaine d'antidopage et les propres aveux d'un coureur finalement trop cynique.

LES RISQUES DE LA COM'

Pour illustrer les dangers d'une communication, selon moi, trop cadenassée, je partirai d'un événement dramatique, la mort de George Floyd, le 25 mai 2020, lors d'une interpellation policière dans la ville de Minneapolis. Une horreur absolue, des images insupportables qui ont suscité une vague d'indignation chez nous aussi. Beaucoup d'athlètes, les basketteurs américains en tête, se sont positionnés clairement pour dénoncer le racisme et soutenir le mouvement *Black lives matter.* Ce qu'a aussi fait le champion du monde de Formule 1 Lewis Hamilton au micro de Gaëtan Vigneron à l'occasion du Grand Prix de Francorchamps, en expliquant combien cette démarche s'était imposée à lui, victime du racisme de ses camarades d'école, de ses professeurs, de son voisinage. Des propos qui, au-delà de la cause, nous aident à mieux comprendre la réalité des choses.

Nafissatou Thiam a également réagi en postant un message sur Instagram. Elle a fait appel à la responsabilité de tous pour que les choses changent. Le 2 juin, la RTBF relayait son message mais quand on a cherché à aller plus loin en souhaitant l'interroger, dans le respect évidemment de son agenda, et renforcer avec elle cette nécessaire mobilisation contre le racisme et les clichés, ses conseillers en communication ont refusé. C'est regrettable. Les exploits de Nafissatou, remarquablement guidés par son entraîneur, l'inusable Roger Lespagnard, sont extraordinaires. On sent que cette femme a une dimension humaine hors du commun et dégage une énergie fédératrice capable de déplacer des montagnes. Elle ferait une exceptionnelle ambassadrice du mouvement antiraciste dans le sport, combat que la RTBF mène depuis un moment déjà. L'entourage de Nafissatou aurait dû percevoir que, dans un cas aussi particulier, son intérêt était de collaborer avec un média de confiance comme la RTBF pour amplifier le message et le rendre plus percutant.

Je peux comprendre que les athlètes se protègent et doivent s'entourer d'une équipe qui fait barrage, qui gère leur emploi du temps, leur image et leurs relations avec la presse, les médias et le public. La priorité est évidemment que l'athlète s'entraîne, preste et gagne. Ce qui n'empêche pas, selon moi, la mise en place d'une véritable stratégie de communication qui tienne compte de tous ces paramètres. Les sollicitations médiatiques sont nombreuses et diverses. Toutes ne sont pas dignes d'intérêt mais il ne faut pas qu'on ferme tous les accès vers le champion ou la championne, en dehors des zones officielles réservées aux interviews avec les médias détenteurs des droits de diffusion. Il est important d'avoir des moments où l'athlète échange véritablement au-delà de l'événement ponctuel, la victoire ou l'échec, la joie ou la déception, a fortiori lorsque sont en jeu des questions de société et des messages pour promouvoir la tolérance.

Cette tendance que je dénonce ici en termes de communication – et qui vise les conseillers de Nafissatou Thiam, pas la championne namuroise – est lourde et généralisée. Quantité de sportifs aujourd'hui sont tout simplement injoignables pour les médias classiques et ne communiquent plus que par leurs comptes sur les réseaux sociaux. Conséquence : c'est le règne de la communication unilatérale, formatée, qui fuit la critique extérieure ; chacun vit dans sa bulle ou sa tour d'ivoire. L'échange et le partage deviennent compliqués. La qualité de l'information donnée au public diminue forcément. L'image du sportif est faussée ou incomplète ; la force des messages en faveur des valeurs de notre société est amoindrie.

Je sais que le web ou les réseaux sociaux sont des outils de communication qui permettent désormais à tout le monde de s'exprimer ou de s'exposer sans devoir passer par des intermédiaires comme la RTBF ou la presse quotidienne et magazine – des outils dangereux aussi, où n'importe quel propos est publié parfois sans filtre et sans déontologie journalistique. Mais je suis par ailleurs suffisamment lucide pour admettre que les médias classiques ont leur part de responsabilité, notamment parce qu'ils ont pu eux-mêmes diffuser des informations fausses, non vérifiées, légères ou des critiques sans base factuelle suffisante. Il faut tendre à un juste équilibre, où toutes les parties en présence trouvent leur compte, sans jamais oublier le public, qui a droit à une information objective et complète sur le monde dans lequel il vit. Le dosage est complexe mais pas impossible. C'est un énorme chantier, il faut que chacun s'y attelle.

Que le Standard, par exemple, au sortir du confinement et fatigué de la publication d'informations fausses ou – il le fait savoir – fallacieuses concernant le poste d'entraîneur, décide de s'exprimer en exclusivité sur son site web Standard TV, je peux l'entendre mais cela ne doit pas devenir la norme.

LA BELLE ÉQUIPE

Depuis mon siège d'observateur désormais, je plonge les yeux une dernière fois sur le grand plateau, très théâtral en fin de compte, de *La Tribune* et sur certains des acteurs mis en scène. Pour les cinq dernières saisons, dans mon duo avec Benjamin, je suis le sage dont la fonction consiste à garder l'église au milieu du village. C'est nécessaire avec un plateau très animé et des personnalités bien marquées. Le duo est un exercice compliqué mais il a bien fonctionné, entre complicité et complémentarité. Aujourd'hui, Benjamin vole de ses propres ailes dans un exercice où, désormais, il est seul à la barre.

À partir de septembre 2011, on a été moins clivant, moins donneur de leçons, plus fédérateur, même s'il y eut parfois des frictions, inévitables dans un petit groupe où les susceptibilités peuvent être exacerbées. Mais on a réussi à garder le cap : produire une émission d'information sportive, agréable et divertissante. Malgré ma grande sensibilité qui peut me faire planer quand la spirale est positive et douter quand les choses ne se passent pas comme elles le devraient ou comme j'aurais voulu qu'elles se passent, je peux dire en forme de bilan que présenter cette émission a constitué un vrai bonheur.

La Tribune est le programme qui a suscité le plus de reconnaissance et de retour de la part du public. J'en suis d'autant plus ravi qu'on me parle de cette émission dans tous les milieux et toutes les couches sociales. L'affection des gens me touche : j'ai parfois l'impression d'avoir fait beaucoup de vent dans ma carrière mais quand je les vois et les écoute en studio (l'émission est enregistrée en direct avec du public) ou après l'émission, je me dis qu'on a réussi à nouer un véritable lien.

L'équipe a évolué avec le temps. Des personnalités nous ont quittés, comme David Steegen, Benoît Thans, Alexandre Charlier ou Carl Huybrechts. D'autres sont arrivées. Puis l'émission a tourné autour de quelques profils bien identifiés. Tous ont leurs contacts privilégiés, leurs sources d'informations et d'inspiration. Le mélange de journalistes, de consultants et de chroniqueurs crée un savant breuvage qui plaît au public.

Droit d'aînesse oblige, Marcel Javaux, bien que limité à sa séquence arbitrage, restera le personnage populaire par excellence. On n'oubliera pas que Marcel, c'est d'abord la passion de l'arbitrage et une connaissance pointue de toutes ces règles en constante évolution. Derrière l'expert, une grande gueule qui n'a pas peur de son ombre et qui met toujours ses gants avant de monter sur le ring – on ne sait jamais ! Il y a envoyé quelques directs mais, régulièrement pris pour cible, il a parfaitement maîtrisé l'art de l'esquive. Marcel, cependant, c'est bien plus que cela. Avec lui, ça a peut-être souvent chauffé mais en termes d'amitié, c'est un homme qui m'a souvent réchauffé.

Il y a un autre Luxembourgeois : Philippe Albert. Cet Ardennais bon teint est né à Bouillon. Il a été 41 fois international, a joué à Charleroi, Malines, Anderlecht et Newcastle en première ligue anglaise pendant cinq saisons. En termes de légitimité, il n'a de comptes à rendre à personne. Rien ne l'effraie, dans un regard toujours placé à bonne distance qui, en deux mots, voire trois, cerne le cœur du débat. J'ai aimé Philippe pour toute sa sincérité, son sens collectif et son « tendre » sourire. C'est un gars foncièrement bon et « si l'esprit séduit, la bonté, elle, ne s'oublie pas ».

Stephan Streker est dans sa vie comme dans ses relations : à fleur de peau. Il vit le foot avec une sensibilité rien qu'à lui dans un profil d'empêcheur de tourner en rond. Impossible, inenvisageable pour lui de dire, fût-ce un seul mot, qui pourrait atténuer la haute estime dans laquelle il tient Kevin De Bruyne et Mehdi Carcela. Il s'en est amusé. Réalisateur primé à plusieurs reprises pour son film *Noces*, il devrait l'être aussi pour son dernier long métrage *L'ennemi*. Je l'ai engagé en quelques heures parce qu'il a la faculté de viser autrement mais souvent juste. Au fil du temps, il s'est détendu, il a lâché les amarres de la crispation ponctuelle qui pouvait le gagner sur le plateau. Libéré, il occupe désormais une place centrale au milieu de notre jeu, de même qu'il a rallié à sa cause beaucoup de ses détracteurs. Ce Steph-là a fait oublier l'autre.

Rien de ce qui se passe le week-end en football n'échappe à Rodrigo. Passant toute la presse au crible et s'en inspirant, il enrichit la réflexion au travers de son prisme journalistique aigu, chiffres et statistiques à l'appui. Il a été un élément moteur dans l'élaboration de notre édition chaque lundi matin. Plus rond dans tous les sens du terme, son suppléant Thierry Luthers s'appuie sur des sources nombreuses et un réseau étendu pour donner de l'épaisseur à son propos et nous amener sur les terrains plus piégeux du football business.

Avec les consultants Khalilou Fadiga, Marc Degryse, Nordin Jbari, Thomas Chatelle, Cécile De Gernier, Hein Vanhaezebrouck et Alex Teklak, on achève de dessiner le tableau dans toute sa diversité. Aucun ne ressemble à l'autre et leurs profils spécifiques nous ont bien aidés à fidéliser nos téléspectateurs du lundi.

Plusieurs d'entre eux participent le dimanche soir en radio à *Complètement Foot*, un programme de David Houdret et Pascal Scime qui a conforté l'équipe des sports dans toute sa légitimité quand on parle du ballon rond dans nos médias. Autre atout, les auditeurs y prennent la parole. En un mot, comme dirait David, j'adore.

Et puis comment oublier les humoristes ? Pad'r et ses caricatures, Martin Charlier et son Kiki l'Innocent inspiré par Jérôme de Warzée, deux fans du Standard. Jérôme, Alex Vizorek, Guillermo Guiz, Jean-Michel Briou et Jean-Louis Leclerq, tout au début, ont distillé cette touche d'humour qui aide à prendre de la distance. En 1994, c'est « Vous permettez Raymond » qui avait donné le ton : « Tu saisis ? Tu vois l'affaire ? ». Raymond Goethals et Adamo étaient parodiés par leur marionnette Raymundo et Escalvator dont les voix et les textes truculents avaient fait un tabac auprès de nos téléspectateurs.

MES LEÇONS DU CONFINEMENT

2020 est l'année de mes 65 ans. L'âge de la retraite. Pour ma dernière saison de *La Tribune*, j'ai bien entendu eu droit à quelques piques sur mon grand âge. Et puis le confinement est arrivé. Dans le cadre de mes arrêts sur images, je ne vais pas développer tous les aspects de fragilité dans lesquels nous a plongés la pandémie, révélant la grande dimension humaine, notamment, du personnel soignant. Si je me concentre donc sur le monde des médias, ce confinement a certainement été l'occasion pour les professionnels du secteur et pour le grand public de profiter pleinement des dernières avancées du numérique.

Pour ceux qui doutaient encore de la nécessité de transformer certaines habitudes de travail et de production, cette période aura été un test grandeur nature et une immersion décisive dans les outils digitaux, heureusement déjà présents dans une entreprise de média comme la RTBF. Les investissements consentis dans ce domaine ces dernières années ont bien servi et le confinement n'a fait qu'accélérer la transition en cours. Le travail à distance est devenu une norme obligée pour beaucoup d'entre nous ; il fera désormais partie du mode de fonctionnement de toutes les entreprises. On a gagné en efficacité parfois mais on a aussi perdu les regards échangés, les rires partagés, les apartés complices propres aux réunions en présentiel. Il faudra trouver la bonne mesure.

Le propre d'un média est de proposer des contenus attractifs, exclusifs, distinctifs. Pour y arriver, nous avons dû être rapidement réactifs et plus créatifs. Pour pallier l'absence de compétitions, la première idée – pas très originale, je le reconnais, mais néanmoins efficace – aura été de mettre à disposition de nos internautes le catalogue de nos archives. Les grandes fédérations comme la FIFA, l'UEFA, le COIB ou la FIA nous ont donné accès gratuitement à leurs contenus. Tous les acteurs du secteur ont bien compris l'importance de faire vivre le sport.

Ensuite, nous avons enrichi les archives avec un nouvel habillage graphique et de nouvelles interviews réalisées par Skype, un outil exceptionnel qui permet d'avoir rapidement accès à une diversité de points de vue sans quitter sa cellule de montage. On a d'abord fait correspondre ces archives enrichies au calendrier cycliste d'avril 2020 en proposant quelques grandes victoires belges : Philippe Gilbert au Tour des Flandres, Tom Boonen à Paris-Roubaix et Frank Vandenbroucke à Liège-Bastogne-Liège. On a ensuite appliqué le même principe à la Formule 1 et, pour le Tour de France, on a sélectionné vingt grandes étapes aux accents belges particulièrement prononcés, qu'on a réunies au sein d'une série intitulée *Un Tour, un exploit*.

On a produit des contenus spécifiques comme l'interview exclusive de Justine Henin sur son rapport à Roland-Garros.

Globalement, on dira que le public a témoigné d'un intérêt relatif à l'égard de ces programmes. On le savait : rien ne vaut le direct. Quand les directs sont revenus à partir de fin juillet avec successivement la F1, la phase finale de l'Europa League, le moto GP et le Tour de France, ils sont allés chercher un public manifestement en manque et nos courbes d'audience sont reparties à la hausse, dépassant les pics habituels.

On a, enfin, travaillé sur les programmes de la rentrée et les nouvelles moutures de *La Tribune* et du *Week-end sportif*, une des plus anciennes émissions de la RTBF, désormais dénommée *100 % Sport* et déclinée aussi en digital pour atteindre un plus large public encore. Le sport a pris le chemin du web depuis longtemps. Il explore maintenant celui des réseaux sociaux avec des Facebook live, des story sur Instagram, des podcasts – l'histoire du sport se prête particulièrement bien à ce format. On est dans une phase d'exploration, dans les balbutiements d'une offre digitale qui ne va faire qu'augmenter.

En bref, on a investi le numérique comme on ne l'avait encore jamais fait et tous les collaborateurs s'y sont mis, profitant d'une sorte de moment d'arrêt pour mieux envisager l'avenir et se projeter vers lui.

Cette période aura aussi été propice au rapprochement des deux rédactions, celle des sports et celle de l'information générale. Sous la direction de Jean-Pierre Jacqmin, nous sommes regroupés dans la même thématique Info/Sports. Je sais toute sa sensibilité pour la matière sportive et il sait toute la mienne pour la noblesse de cette info-là que d'aucuns considèrent trop vite comme du divertissement et du sous-journalisme. Comme moi, il a toujours soutenu cette approche qui considère le sport comme de l'info à part entière. Quand en 2018, certains ont plaidé pour séparer le sport et l'info, Jean-Pierre Jacqmin et moi avons maintenu le cap. Le confinement aura été l'occasion de nous en réjouir puisque les journalistes sportifs sont venus, sur base volontaire, soutenir l'information générale durant cette période délicate, démontrant à ceux qui en doutaient encore qu'ils pratiquaient le même métier que les autres membres de la rédaction.

Dans ces moments particuliers, le travail mis en place avec mes adjoints et la production a été déterminant. Il fallait s'adresser à tous mais généralement à distance, accompagner, motiver, voire remotiver certains, rassurer par rapport au risque pour la santé et prendre toutes les mesures de prévention, le tout sans savoir vraiment de quoi demain sera fait. Même si elle doit être capable de réagir au quart de tour en cas d'urgence (lors du décès d'une légende ou en cas de dopage, par exemple), une rédaction sportive a l'habitude de travailler sur des prévisions et des calendriers. Les événements dont on détient les droits de diffusion sont planifiés parfois des années à l'avance. L'épidémie nous a plongés dans le brouillard le plus complet. Nous ne savions pas si le championnat de football allait reprendre, si l'Euro allait être joué, supprimé ou postposé, si le Tour de France ou les JO de Tokyo allaient être maintenus...

Cet *épisode* nous aura aussi forcés à revenir aux bases du journalisme. Devant le véritable désert des infos sportives, il a fallu aller à la pêche, lancer et relancer les filets pour aller chercher l'info en écoutant autre chose que le bruit de fond d'Internet. Il a fallu sortir de sa zone de confort, réactiver les réseaux. À ce propos, je voudrais évoquer ici l'initiative fantastique de Tanguy Dumortier, le charismatique présentateur du *Jardin extraordinaire.* En invitant les très nombreux passionnés de cette émission à poster leur vidéo ou témoignage enregistrés sur leur smartphone, il a fait un tabac, Tanguy. Son *Jardin* est devenu votre jardin. Il a été vraiment extraordinaire.

MA DERNIÈRE TRIBUNE

Confinement oblige, ma dernière émission n'aura pas été celle que j'avais imaginée. J'étais censé achever ma dernière saison de *La Tribune* en roue libre mais celle-ci s'est terminée prématurément, lorsque le lockdown a été décidé, que le mot d'ordre, inconnu jusqu'alors, fut « restez chez vous » et que tous les événements sportifs furent annulés. Mais, privilège rare, j'ai pu faire mes adieux sur antenne, le 7 septembre, dans une *Tribune* spéciale et préparée globalement en secret. Quel beau cadeau de la part de mon équipe, de celles et ceux qui se sont investis pendant plusieurs semaines pour l'organiser et donner au programme, entre souvenirs et invités surprises, témoignages inattendus et archives oubliées, la bonne dose d'émotion qui a manifestement touché les téléspectateurs. Quarante ans de journalisme sportif, principalement en télévision, ça laisse des traces que le public a aimé revoir et partager. Faire ce métier, c'est être associé, dans la mémoire collective, à des bons moments, des tranches de vie joyeuses, de cette joie débordante qu'offre le sport et qu'on partage en masse. C'est donc davantage le mérite des événements que nous avons couverts, et des sportifs qui les ont écrits, que le mien qui a attiré du monde ce soir-là.

En sortant du plateau, je trouvais qu'on en avait fait un peu trop. Je m'en étais ouvert au patron qui, le lendemain, dès la sortie des chiffres d'audience, m'envoyait ce message à la fois laconique et chaleureux : « Manifestement, les gens n'ont pas trouvé ça long.» Roger Laboureur était des nôtres. Il m'a pris par la main et m'a dit : « Après Churchill, je ne me souviens pas d'un hommage pareil.»

Merci à l'équipe de m'avoir aidé à fermer mon grand livre RTBF, avec douceur et sensibilité. C'était bon, juste bon de prendre un dernier bain d'amitié et de reconnaissance sans jamais oublier la légèreté et l'humour si nécessaires à nos vies.

Merci à mon coprésentateur pour cette complicité bienveillante dans nos rôles respectifs le lundi soir. Présenter à deux en télévision, c'est une gageure ; beaucoup s'y sont cassé les dents parce qu'il faut prendre sa place mais laisser à l'autre toute la sienne. Je pense que nous avons réussi, lui et moi. Sans heurt, sans friction. Avec respect, avec succès.

Les éditeurs, eux, ont chapeauté le tout, fixant ainsi la trame de chaque *Tribune* avant que les réalisateurs Raffaella, Éric et Thierry, qui dirigent les équipes techniques, ne donnent au petit théâtre du lundi soir, tout son éclat. Éclat souvent renforcé par les archives dénichées par Laurent.

Tout le professionnalisme de ces équipes m'aura tiré, en permanence, vers le haut. Je sais donc tout ce que je leur dois. Merci.

ET DEMAIN ?

En 40 ans de médias, c'est un bond de géant que nous avons réalisé en termes d'évolution des technologies. Et puisque cela ne va pas s'arrêter, je suis bien incapable d'imaginer où on en sera dans 40 ans.

À mes débuts, nous fonctionnions avec des films à développer pour tous nos tournages à l'extérieur. Quand, le dimanche, je suivais pour *Le Week-end sportif* un grand prix de motocross au cours duquel il y avait deux manches décisives, on devait toujours quitter les lieux après la première manche parce qu'il nous fallait 50 minutes pour développer la pellicule. Cinquante minutes qui me permettaient de préparer le texte de mes commentaires et de prendre les dernières infos sur ce qui s'était passé durant la seconde manche... Le cadreur plongeait ses mains dans un sac noir complètement opaque, ouvrait la boîte – le magasin – et allait accrocher la bobine du film. Cette opération se faisait avec des gants, uniquement au toucher. Chaque magasin contenait une pellicule de dix minutes de film, c'est dire si on tournait à l'économie. Après le développement, les pellicules prenaient la direction de la cellule de montage pour une opération à nouveau très manuelle, faite de découpage et de collage, pour arriver au produit fini. C'était une course contre la montre pour être à l'heure à l'émission. Il fut une époque où le cadreur quittait Sclessin avant la fin du match qui avait débuté à 15 heures pour être à temps en studio ! On n'a donc pas toujours vu tous les buts, et les téléspectateurs non plus. Le crépitement du télex a aussi égayé mon quotidien dans la rédaction. Les dépêches sortaient en trois exemplaires, blanc, bleu, rose. Là aussi, on les découpait, puis on les classait selon les thèmes du jour dans l'actu.

Aujourd'hui, tout est numérisé. Les images et le son se retrouvent sur de petites cartes, disponibles électroniquement d'un clic de souris, non seulement entre Liège et Bruxelles, mais aussi entre Moscou et Reyers. Les dépêches sont accessibles sur l'écran d'ordinateur de chaque collaborateur, comme les images du tournage et les archives dont il pourrait avoir besoin. Dans les rédactions, les journalistes font des montages simplifiés, qui sont déjà accessibles sur leur smartphone. Il est indéniable que dans les dix ans à venir, les compétences digitales seront les principaux atouts de ceux qui rejoindront la rédaction. Mais le monteur, avec sa maîtrise et sa sensibilité, restera encore longtemps, je l'espère, une plus-value indispensable, quelle que soit l'évolution technologique.

Au Japon, en 2002, j'avais été frappé par l'omniprésence des téléphones mobiles : tout le monde parlait en rue avec son GSM. Je débarquais dans un autre monde et n'imaginais pas que la mobilophonie allait s'implanter de manière aussi envahissante chez nous quelques années plus tard. De ce point de vue, la RTBF a vu clair et s'est inscrite très tôt dans cet univers médiatique en pleine effervescence. En sport mais aussi dans d'autres domaines, au sein de la tourmente d'informations qui nous bouscule au quotidien, la chaîne publique reste un label de confiance, gage de qualité et de créativité, comme une promesse de différence que nous devons renouveler chaque jour.

Dans un contexte de convergence des médias et dans une stratégie de développement digital à 360 degrés entre la télévision, la radio, Internet et les réseaux sociaux, nous apprenons à produire nos émissions de manière plus légère, en cassant les frontières, en adaptant nos formats. Mon rôle a été d'accompagner, avec mes adjoints du digital Grégory Bayet et Laurent Bruwier, ces nouveaux contenus et de m'assurer qu'ils conservent, quel que soit le format, l'épaisseur nécessaire.

Dans cet univers en pleine évolution, j'ai senti mes limites, moi qui suis de la génération d'avant les enfants de la télé. J'ai pu compter sur des équipes plus en phase avec les réalités techniques et les formes d'expression du moment. Les jeunes d'aujourd'hui sont « tombés dedans » à la naissance. Ils se nourrissent d'images et ils en créent avec une facilité déconcertante en manipulant du bout des doigts un simple smartphone. Leur créativité est là pour communiquer, réagir, rechercher les infos, s'exposer aussi et, parfois, avec de moins en moins de pudeur. Je n'ai pas eu besoin de cela pour être très largement médiatisé mais là n'est pas la question : je ne peux m'empêcher de me méfier de ce besoin croissant de reconnaissance médiatique que l'explosion du digital et des réseaux sociaux a créé notamment auprès du jeune public. Croire que l'on n'existe que si son image est diffusée quelque part et vue par des proches ou des inconnus, c'est un piège.

J'ai connu l'évolution des techniques, du métier de journaliste, du sport et de la société en général. La presse a changé. Le ton a changé. À l'époque où j'ai débuté, il aurait été impensable de titrer en une : « Va te faire enculer, sale fils de pute », comme l'a fait le journal *L'Équipe*, en 2010, en pleine Coupe du Monde en Afrique du Sud. En reproduisant ces mots tenus par Anelka en réaction à une remarque de son entraîneur Domenech faite à la mi-temps d'un match perdu contre le Mexique, l'objectif de ce journal de référence a été de mettre le doigt sur l'ambiance détestable au sein du groupe France, de provoquer le débat et de mettre les joueurs face à leurs responsabilités. La déclaration était significative puisqu'elle avait mis le feu dans l'équipe. Domenech avait sorti le joueur de l'équipe après cette insulte mais ses coéquipiers avaient marqué leur solidarité avec Anelka et avaient fait grève à l'entraînement, pour ce qui deviendra un des plus grands fiascos dans l'histoire du football mondial. L'équipe de France l'a payé cher, en termes de perte de réputation massive pour ses joueurs et sa fédération. Je comprends donc la démarche de *L'Équipe* mais je n'aurais jamais osé valider ce titre. Est-ce mon côté *old school* ? C'était il y a dix ans. Aujourd'hui, avant même d'imaginer faire la une avec ce genre de déclaration, celle-ci aurait échappé aux journalistes et déjà fait le tour de la planète sur les réseaux sociaux.

DERNIERS COUPS DE CŒUR

J'aurais pu m'arrêter sur d'autres images mais je ne voudrais pas laisser dans l'ombre quelques personnalités, très différentes, qui resteront des repères dans mon parcours.

Jean-Mi, Jean-Michel Saive, fait partie de ceux-là, pour la force de l'exemple qu'il a représenté d'un bout à l'autre de sa longue carrière. Un compétiteur de tous les instants qui, partout, aura déployé la même envie, la même pugnacité. Ses cris (le Tchôôôô...) et son geste favori (le short ajusté) font partie de la collection du petit journaliste sportif illustré. Je retiens aussi de Jean-Mi l'énergie qu'il aura déployée à défendre les plus nobles valeurs du sport, jusqu'à en devenir un ambassadeur dans les plus hautes instances belges et internationales olympiques.

En remontant plus loin, j'ai une pensée pour le quadruple champion du monde de descente de rivière en kayak, 42 fois champion de Belgique, maître absolu dans sa discipline confidentielle, le Dinantais Jean-Pierre Burny, imbattable dans sa descente de Lesse.

Christian Prudhomme, le patron du Tour de France, a succédé à Jean-Marie Leblanc après avoir été présentateur de *Stade 2* comme je l'ai été du *Week-end sportif.* Ce ne sont pas seulement nos expériences de journaliste sportif du service public qui nous ont rapprochés. Dès la première rencontre, un déclic a eu lieu et la complicité qui en est née a permis de donner une dimension plus riche à notre collaboration, sur l'ensemble des courses dont ASO (Amaury Sport Organisation) est propriétaire (Le Tour, les Classiques Wallonnes, Paris-Roubaix, Paris-Nice...). Grâce au lien que nous avons créé avec Christian et avec Julien Goupil, directeur média d'ASO, nos équipes ont travaillé plus harmonieusement. Derrière les contrats et leurs innombrables clauses, ce sont les hommes et les femmes dans l'estime qu'ils se renvoient (et toutes les occasions sont bonnes) qui donnent la meilleure épaisseur au business... Notre plus grande fierté, nous l'avons mise en place avec le Brussels Major Events, à l'occasion du grand départ du Tour en 2019. La présentation des équipes le jeudi sur la Grand-Place, le passage dans les Galeries de la Reine et, en apothéose, les acclamations émouvantes adressées à Eddy Merckx pour les 50 ans de sa première victoire au Tour, c'est tout bonnement inoubliable.

Enfin, il y a tous nos consultants, ceux qui relèvent le goût dans tous les plats de nos menus médias et qui ont mouillé le maillot pour nos couleurs : Gérard Buelens, Cyril Saugrain, Jean-Luc Vandenbroucke en cyclisme après Cédric Vasseur et John Lelangue. Fred Xhonneux en athlétisme a pris le relais de Noël Levêque. André Hanveaux n'avait pas d'égal en natation. Christian Grétry a rendu la gymnastique plus accessible à chaque Olympiade. C'est Florence Lestienne qui lui succèdera aux prochains Jeux de Tokyo aux côtés de Pierre Robert qui, dans une autre discipline, la moto, peut bénéficier du soutien, passionné et passionnant, de l'ancien pilote Didier de Radiguès. Les frères Rochus, Michel Bouhoulle, Didier Jacquet et Philippe Dehaes constituent l'actuelle dream team du tennis, orpheline de l'adorable Julien Hoferlin. Dans la tournante de la F1, je vous avouerai que j'ai un faible pour Marc Duez.

Sixte Grignard, lui, n'a pas son pareil pour mettre de l'huile en permanence dans les rouages de nos dispositifs techniques. Il le fait avec une gentillesse naturelle qui, trop souvent, s'efface dans nos métiers, au nom de la rentabilité immédiate. « J'ai pas le temps », avec Sixte, ça n'existe pas.

Reste à souligner l'appui et l'investissement de celles et ceux qui m'ont entouré et soutenu au quotidien, dans le calme ou la tempête. La plus proche a été mon assistante directe, Karin Kalek, à mes côtés depuis le début. Je n'oublie pas mes adjoints éditoriaux Gaëtane Vankerkom, Hervé Gilbert et Laurent Bruwier et toute l'équipe de production. Sans elles, sans eux, je n'aurais pas été le même chef de rédaction, je n'aurais donc pas écrit les mêmes lignes.

HISTOIRES DE FAMILLE

J'ai beau avoir vécu intensément ma longue carrière professionnelle, j'ai beau en avoir goûté toutes les facettes dans toutes les circonstances, souvent agréables par ailleurs, tout cela n'est rien à côté de ce que la famille m'a permis de vivre et de partager. Je ne suis évidemment pas le seul dans ce cas.

J'ai trois enfants, une fille et deux garçons. Alice et Thomas sont nés de mon premier mariage avec Patricia. Romain est issu de mon second mariage avec Cécile, elle-même déjà maman d'Antoine. C'est donc une famille recomposée qui s'est construite sur une première déchirure, qu'on n'efface pas d'un trait de plume mais qui n'empêche pas d'ériger autre chose de fort et – je peux le dire – de très vivant.

Alice est une passionaria, vive d'esprit qui, en bonne ex-joueuse de basket, prend toutes les balles au bond car rien ne lui échappe. Elle défendra toujours la veuve et l'orphelin, rien ne la motive plus que les causes perdues. Parfois son cœur s'écharpe parce qu'il est vif; il a toujours fait battre le mien très fort. « Ciel, la comète » est son anagramme et on peut difficilement mieux la définir.

Thomas est l'aîné, responsable, attentif aux autres en permanence, distrait comme son père, toujours prévenant dans sa discrétion, un numéro 6, dur au marquage, qui a quelquefois mal vécu d'être pris pour cible parce que « fils de ».

Romain est le cadet et le rassembleur. Il sert lui aussi la cause familiale, mettant, à petite dose d'affection continue, de l'huile dans les rouages. Résolument positif, il a aussi développé un sens de la fête assez aigu auquel ses frères et sœur, cela dit, résistent rarement.

Antoine est aussi un liant dans notre bulle. Avec lui, je partage un intérêt marqué pour la politique. Sa vision est fine, son analyse m'aide toujours à mieux décoder. Par ailleurs, pour le bricolage, il est aussi incompétent que moi. Heureusement nous compensons l'un et l'autre par d'autres qualités.

Enfin, il y a Cécile, qui veille toujours à mettre de l'épaisseur dans ma légèreté, de la raison dans mes impulsions. Son cœur bat à l'écart des projecteurs et elle sait secouer en douceur les paillettes et le strass qui se collent à mes semelles. Cécile est ma plus belle rencontre. Vivre avec elle et regarder ma vie au travers de ses yeux (qu'elle a d'ailleurs très beaux) sans attrait pour les étoiles de l'univers médiatique, m'a certainement aidé à ne pas m'abîmer dans les miroirs déformants de la vie publique.

Alice et Thomas étaient jeunes au moment de ma séparation, ça laisse des traces et mon métier m'a certainement empêché de leur accorder toute la vigilance affectueuse qu'ils méritaient. Ils ont évidemment toujours été là, dans ma tête, mais sans doute trop loin des yeux. Être là, continuer d'être là, mais en mieux : je vais désormais me plonger davantage dans ce bain sans retenue aucune, sans qu'un coup de fil me happe ou qu'un mail sollicite une réaction rapide et m'écarte du cercle familial. C'est le propre de l'info, de l'urgence qu'elle impose et qui, dans certaines circonstances, ne peut attendre. Et pour les six petits-enfants, « Papouche » est prêt, il est d'attaque. Pas tout le temps et pas tous en même temps mais cela fera partie des priorités. La famille, elle s'élargit à ma sœur, mon frère, mes neveux et nièces, comme avant mes cousins quand nous étions adolescents. Aujourd'hui, je suis l'oncle Mich qui peut amuser la galerie sans que cela ne les empêche d'élever le débat. J'aime écouter mes enfants, neveux et nièces discuter sur l'avenir de cette planète et prendre le chemin des valeurs qu'ils défendent concrètement. Chacun écrit son histoire.

Souvent on rit, parfois on pleure. Nos larmes ont coulé quand ma sœur aînée Maggy est partie le 11 septembre 2001, le jour même des attentats des Twin Towers. Un cataclysme personnel de voir partir cette grande sœur, gardienne de mes premiers secrets.

« Quand les plus lointains souvenirs s'assemblent, je croise (encore) forcément son regard » (Grand Corps Malade).

Elle avait 50 ans et nous a glissé, en héritage, dans le souffle qu'elle perdait, des fragments de sa générosité que ma sœur cadette, Marylène, et son mari entretiennent avec tendresse et conviction.

Fort de tout cela, j'ai mis dans mon bagage les mots de La Bruyère : « Voir les gens qu'on aime, cela suffit. »

ET APRÈS ?

Le 26 mars 2016, mon collègue Michel Visart est sur le plateau du JT de 19 heures 30, interrogé par Julie Morelle. Les autorités lui ont confirmé la veille le décès de sa fille Lauriane, victime de l'attentat au métro Maelbeek. Au-delà de sa douleur, Michel trouve la force de nous dire, sans la moindre colère, qu'en cultivant l'exclusion et la haine, on ira dans le mur. L'égalité, la justice, la tolérance étaient des valeurs que Lauriane, juriste, défendait avec conviction. « Il faut de l'amour, de l'amour pour faire un autre monde » : c'est ce que vient nous dire cet homme dont l'enfant vient d'être happée brutalement par les bombes des terroristes.

Ces quelques mots valent largement tout ce que j'ai pu vous raconter dans les pages que vous venez de lire. Et inévitablement, je me pose la question de l'intérêt qu'il y a à me raconter parce que j'ai été un tant soit peu célèbre.

J'ai étudié le journalisme à l'IHECS avec Michel Visart avant qu'il ne se spécialise dans l'économie. Il est parti à la retraite en 2017, mais aujourd'hui, son message d'humanité à lui seul vaut tous les autres, jetant des ponts au-dessus des murs que certains érigent. Pour toutes les Lauriane du monde.

INDEX DES NOMS

TABLE DES MATIÈRES

CHEZ LE MÊME ÉDITEUR

On m'appelle la Tornade
Adrien Devyver — 2020

Un monde en suspens
Barbara Abel et François De Brigode — 2020

Les héros du coronavirus
Vincent Liévin — 2020

La masturbation ne rend pas sourd !
Daniel Brouillette — 2020

Les filles de A à Z
Catherine Girard-Audet — 2019

Grandir et faire grandir
Jean-Jacques Cloquet — 2019

L'épopée russe des Diables
Patrick Stein — 2018